DISCOVRS

SVR LES ARCS

TRIOMPHAVX

Oratorii Parisiensis catalogo inser.

DRESSÉS EN LA VILLE D'AIX

à l'heureuse arriuée de tres-Chrestien,
tres-Grand, & tres-Iuste Monarque

LOVYS XIII.

Roy de France,
& de Nauarre.

A AIX,
Par Iean Tholosan,
Imprimeur du Roy.

Maretz, *sculp.* Aquis. Tholosan *exc.*

DISCOVRS
SVR LES ARCS
TRIOMPHAVX

DRESSÉS EN LA VILLE D'AIX,
à l'heureuſe arriuée de tres-Chreſtien, tres-Grand,
& tres-Iuſte Monarque LOVYS XIII.
Roy de France, & de Nauarre.

A AIX,
Par IEAN THOLOSAN, Imprimeur du ROY,
de ladite Ville, & du Clergé.

M. DC. XXIIII.

ANNO XII. REGNI LVDOVICI XIII.
MENS. VI.

VRBIS A SEXTIO CONDITÆ M.DCC.XLIII.
MENS. IIII.

MVNDI REDEMPTI M. DC. XXII.
MENS. NOVEMB. DI. III.
HOR. A MER. III.

COSS. ET ASSESSORE, PROCVR. PROVINC.

CLAVD. DE GAVTIER, D. de Grandbois.
PAVL. D'ANDRE'.
MICH. DE COVRTIN.
SPIR. DELAPALVD.

AV ROY.

SIRE,

Comme les Roys font les Dieux de la terre, aussi leur nom
doit estre continuellement adoré par des Festes solemnelles &
des sacrifices publics.   Vostre ville d'*AIX*, que vostre
Majesté daigna honnorer de son heureux aspect le troisiesme Nouembre 1622.
en solemnisa la Feste lors qu'elle receut cette faueur du Ciel, de voir son Roy
pacifiquement triomphant; iour heureux & fortuné qu'elle a mis en ses fastes
pour en eterniser la memoire.   Ces Princes qui vous ont deuancé en la
domination de cette Prouince sont volontairement sortis de leurs sacrez
tombeaux pour se treuuer en la solemnité de ce iour, & admirer auec nous
les effects de vostre Pieté enuers Dieu, de vostre Prudence & de vostre Iustice
enuers voz subjects, de vostre Valeur & de vostre Clemence enuers vos
ennemis, & aduoüer que vous estes le Restaurateur de ce grand & puissant
Royaume, autant vostre par merite que par naissance, que vous estes le
veritable Fondateur du repos public, & l'Arbitre irrecusable de toute la Chrestienté.
Mais nos solemnitez seroient imparfaictes sans les sacrifices qui sont deubs
à la gloire de vostre nom.   C'est pourquoy, *SIRE*, n'ayant rien
digne de vostre Majesté qu'elle mesme; Noz cœurs, dans lesquels vostre
seule image est emprainte, sont les sacrifices que nous luy offrons continuellement, auec les vœus perpetuels que nous faisons pour l'eternité de vostre
gloire, à laquelle nous auons consacré ces Discours, que le iour eut
plustost veus, si les grandes occupations que l'Autheur a pour vostre seruice
ne nous eussent priuez de ce contentement, & le public du tesmoignage que

nous defirons rendre à la pofterité de l'humilité de nos vœus, de noftre obeiffance, & de noftre fidelité : à ce que nous puiffions porter auffi bien par l'adueu de voftre Majefté que par nos defirs le nom glorieux,

SIRE,

De vos tres-humbles, tres-obeïffans, & tres-fidelles fubjects & feruiteurs, les Confuls de voftre Ville d'Aix, Procureurs de voftre Pays de Prouence.

ALEIN.

AVGERI.

BONFILS.

TEMPLERI.

AV ROY.

SIRE,

Voſtre Ville d'Aix veut que ie la proſterne encor deuant vous; Que ſon hommage ſoit porté par le Monde; Et que ma plume l'écriue au front de l'Eternité. L'entrepriſe en eſt haute,& le ſeul projeĉt mettoit la glace dans mon ſein. Voſtre commandement, ô grand Roy, qui peut faire oſer l'impoſſible, fauoriſant à ſon deſſein, chaſſe ma crainte, & m'en donne l'audace. I'eſtimoy qu'ayant veu quelle étoit l'ouuerture de nos cœurs, vos yeux ne s'étoient point arreſtez ſur nos Arcs; Que nous ayant veus ſoubmis à voz piés vous n'auiés point regardé au chemin qu'on vous auoit tracé; Et que les acclamations de l'affeĉtion publique vous auoient faiĉt mettre à mépris des Inſcriptions que la háte à peine auoit formées. Permettez SIRE que ie le die; Nos inuentions n'eurent que ſept iours pour leur con-

ception & pour leur naiffance.	Mais qu'eut
produit vn plus grand loifir ?	Quelle entrée euf-
fions nous preparé à cette Puiffance qui fe faict
elle méme ouuerture par tout ?	Quel chemin
euffions nous borné à cette Iuftice qui regle elle
méme nos voyes ? Quelle plume pouuoit éleuer
la gloire de cette Pieté qui refufe la loüange de la
bouche des hommes, & ne l'attend que de celuy
qui eft luy-méme la loüange & la gloire des
actions Royales ?	Ce font merueilles que
nulle eloquence ne peut exprimer, à quelque fu-
blime degré qu'vn docte labeur l'ait montée.
Ie feray doncq mieux de me taire comme emporté
par leur rauiffement : Et puis qu'il eft vray que le
filence eft la voix de la Veneration, acheue mon
ame le facrifice, qu'atten tu de te profterner toy-
méme deuant cette haute Majefté, & de luy offrir
auecq les effects de ton obeïffance, les humbles
vœus de ton affection. Receués-les, ô mon Roy,
de l'ame & de la main de

Voftre tres-humble, tres-obeïffant, & tres-fidele
fubject & feruiteur

CHASTVEIL GALLAVP.

AV SIEVR DE CHASTVEIL CONSEILLER

DV ROY ET SON PROCVREVR GENERAL EN
sa Cour des Comptes, Aydes, & Finances de Prouence, sur
son dessein de l'Entree d'Aix, faitte à sa Majesté
à son passage, aprés la redition
de Mont-pellier.

SONNET.

L'Aysné des Roys Chrestiens, & des Dieux de la Terre,
  LOVYS LE IVSTE à peine est en sa puberté;
  Que l'Hydre qui d'Autels maint Temple a deserté,
  En grand neueu d'Hercule, & Veneur il atterre.

Coup qui luy facilite vn chemin de conquerre
  L'Estat de l'Ottoman ; pour mettre en liberté,
  Le sainct Vaze, ou de DIEV le corps mort fut porté,
  Et tout ce que le rond de ce bas globe enserre.

Or SEXTE de son Roy qui la venuë apprend,
  Et de le receuoir, en Triomphe entreprend,
  Prend des traits de ta main maint Arc, & maint Trophée ;

Si que comme il deffait, d'vn haut zele ennobly,
  L'Arc & le trait en main, à cent mains ce Typhœe,
  Ta main docte deffait le Monstre de l'oubly.

NOSTRADAME.

PREMIER

ARC.

Marck. Sculp.

DEVX PALMES font l'object premier que ie prefente aux yeux de fa Majefté.

On facre ces arbres à la Victoire, pource que leur bois, méme furchargé, porte plus hautement fa tefte dans la nuë, & femble dépiter la violence.

I'éleuoy fur ces deux Palmes les trophées de mon Roy. Ie faifoy voir à leur pié, deux grandes Gueufes captiues, fur deux roües de canons rompus, les bras attachés, les cheueux épars, leurs robes à lambeaux, & auprés d'elles des Capitaines, & des Soldats, fur vn tas d'armes, fous vn méme efclauage, & dans la mifere d'vne femblable condition.

Mais voicy, ô merueille ! des trophées emportés fur la Nature méme. Ce bois perdant fa vigueur inuincible, fe relâche, ploye fous le fardeau, & faict de foy-méme vn trophée, & l'Arc de Triomphe.

> *Quels feront les derniers combas*
> *Que mon Roy prepare aux Hiftoires,*
> *Luy, dont les premieres Victoires*
> *Font pancher les Palmes fi bas?*

Ce grand Daphnis pour qui la terre Françoife n'a point de Lauriers affez beaux, l'inimitable MALHERBE donna ces quatre vers à la gloire de mon Roy, à l'honneur de ma Ville, & à mon deffain.

Sur le front des deux Captiues vn rouleau portoit ces mots

FREMANT, DVM VINCTAE.

Ils ne feront point impenetrables au iugement de ceux qui fçauent l'état des affaires, & ceux qui en ont la conduitte n'y apporteront pas la lampe.

A

CÆSAR DE NOSTRADAME, digne fils de MICHEL ou pluſtoſt de
l'Oracle, ce vieux Ouurier, y a voulu ioindre cette Inſcription.

A LOVYS XIII. TRES-IVSTE,
& tres-Auguſte Monarque, tres-Chreſtien
& tres-victorieux Roy de France
& de Nauarre.

QVI PAR VNE HAVTE ET DIVINE INSPIRATION
PAR DES MOVVEMENTS TRESPVISSANS, ET PAR LA
GRANDEVR DE SON COVRAGE ROYAL ; EN SA PRE-
MIERE IEVNESSE PASSANT COMME VN FOVDRE DE
GVERRE, S'EST GLORIEVSEMENT OVVERT LES POR-
TAVX DE CENT VILLES INFORCABLES ET REBELLES,
A REMIS LE CVLTE DIVIN AVX TEMPLES INFECTEZ
D'VNE NOVVELLE DOCTRINE : A REDRESSE' LES
SAINCTS AVTELS ABBATVS ET PROPHANEZ:
RESTITVE' LES IMAGES SACREES : DISSIPPE' LA
TYRANNIE : COVPPE' LES TESTES DE L'HYDRE:
CHASTIE' LES MVTINS, CONFONDV LES FACTIEVX:
HVMILIE' LES SVPERBES : CONVERTI LES GRANDS,
REDVICT LES OBSTINEZ ; RESIOVY L'EVROPE, MIS
EN ALLARMES L'ASIE, ESBRANLE' BYSANCE : R'AFFERMI
LE SAINCT SIEGE : ET PAR SES TRES-IVSTES ARMES,
AYANT GAIGNE' LE SVRNOM DE IVSTE SVR TOVS
LES POTENTATS DE SON SIECLE, COMME LEVR
LEGITIME AISNE' MERITANT L'EMPIRE DV MONDE,
MERITE PAR MESME DROIT, PARMY TANT DE
DIGNES PALMES QVI S'ENCLINENT A SON CHEF:
L'HERESIE ET LA REBELLION PROSTERNEES A SES
PIEDS : ET LES INSIGNES TROPHEES DE SES
GLORIEVX COMBATS, VNE IMMORTELLE
RENOMMEE, ET LES IMMORTELLES
FAVEVRS DE MARS, DE MINERVE,
ET DES MVSES, AV TEMPLE
DE L'ÆTERNITE'.

Ces vers font auſſi de ſa plume,

L V D O V I C V S

Sous ce nom le perfide tremble,
Sous luy ſont les bons réjouys
Venir, & Voir, & Vaincre enſemble
Ne ſont qu'vn, au luſte LOVYS.

L E RO Y fut receu par tous les Ordres de la Ville, deuant vn vieux Temple* hors des murs, qui porte le nom de Noſtre Dame de la Seds. Là, éleué ſur vn thróne qu'on luy dreſſa auecq peu de loiſir, il ouyt par les bouches de leurs diuers chefs, toutes les aſſeurances d'obeïſſance & d'amour, que la Majeſté Royale peut exiger des plus humbles & plus fidelles ſubjets.

Le ſilence que le reſpect & l'eloquence faiſoyent regner en ce lieu, fut rompu par vne ſalue de mouſquetades d'vn Regiment de cinq Compagnies, compoſées des cinq Quartiers de la Ville.

De là, il prit le chemin de la Porte des Auguſtins, & paſſant ſous cet Arc, il fut conduit à la grande Machine qui joignoit la muraille, & dont le front ſuperbe ſe hauſſant par deſſus nos Tours, ſembloit dedaigner la Terre, & porter la guerre aux Etoilles.

*Cette Egliſe eſt maintenant aux R. P. Minimes : Elle fut batie ſur les ruines d'vn' autre, dont S. M. Magdaleine & S. Maximin furent autheurs. Lieu ſacré, fameux de miracles, & où S.Mitre porta ſa teſte couppee, il y a 1165. ans.

SECOND

ARC.

C. SEXTIVS CALV. PROC.
C. IVLIVS CÆSAR
D. OCTAVIVS AVG.
C. MARIVS

 OVS voyons en l'Hiftoire auecq étonnement cent mill'hommes occupés vingt ans dedans l'Ægyte, pour dreffer vne Pyramide à la vanité de CHEOPE.

Cette ambitieufe folie donna vne face nouuelle à cette terre, renuerfa les montagnes, combla les vallées, & fit voir les abyfmes aux lieux où les rochers s'éleuoyent dans les Cieux.

Le Nil méme en fentit la tyrannie, il fut emprifonné dans vn canal, & s'il trouuoit fon iffuë par vn tuyau, c'étoit pour former vne Ifle qui enfermat cette Pyramide.

L'Antiquité n'a rien de plus illuftre : la maffe de l'ouurage faifoit affés cognoiftre le temps du trauail & le nombre des ouuriers.

On raconte que ce Tyran, pour fatisfaire à fon caprice & venir à bout de fon deffain, auoit fermé les Temples, & que les Dieux irrités l'affligerent aprés d'vne pauureté fi grande, qu'il fut reduit à proftituer fa fille. Cette ieune Princeffe obeït, dict-on, au commandement qui luy en fut faict, mais auffi penfat-elle à rendre fon nom immortel. Outre le prix qu'elle exigeoit de fes embraffements, elle demandoit vne pierre pour fon bátiment, qui deuint à la fin Pyramide.

CEPHRIN fut appellé à la Couronne par leur mort, qui creut auffi de n'étre point Roy fi tout le Monde n'étoit maffon, & fi quelque grande maffe de pierre n'atteftoit à tous les âges, qu'il leur auoit fuccedé.

Le peuple affligé cent & fix ans par ces miferes, detefta la memoire de leur regne, maudit leurs noms, les fit mourir auecq eux, & confacra ces beaux ouurages, ces grands miracles de l'art, fous le nom de PHILITION, pauure Berger qui les regardoit bátir, affis fur vn rocher, & gardant fes troupeaux par les herbes voifines.

DIEVX Mortels de la terre, GRANDS ROYS, arbitres de noftre fort, comme nous le fommes de voftre memoire, en vain pour étandre par delà vos tombeaux la vie de voftre gloire employés vous les Pyramides, les Coloffes, les Obelifques, s'ils ne vous font dreffés par l'amour de vos peuples, en vain les terres vous font foubmifes, & vos mains en portent les feptres, fi vous ne regnés dans les cœurs.

En vain fur vos Arcs triomphaux faictes vous lire les titres de GRANDS, de VICTORIEVX, de TONNERRES, de CONQVERANS, D'HEVREVX, D'AVGVSTES, Si l'on n'y voit auffi ces beaux, ces doux noms de RESTAVRATEVRS, de CONSERVATEVRS, de PERES DE LA PATRIE, & pour cet effect ceux de IVSTES, de PIEVX, de CLEMENTS, de SAGES, & de MAGNANIMES.

Ces dernieres qualités font adorer vos puiſſances, & gardent voſtre memoire venerable aprés voſtre mort, dans le ſein de l'Amour Publique.

MON ROY que les cauſes & les effeᶜts de ces beaux noms ont remply vos peuples d'amour ! & que cet amour que vous aués pour vos peuples fera parler de marbres, & portera dans le Ciel de pointes de Pyramides ! O que de Coloſſes & d'Obeliſques à la memoire de LOVYS ! O que d'Arcs de triomphe à voſtre gloire!

Les autres peuples y publieront la loüange de vos autres VERTVS : Nous conſacrons cetuy-cy,

Ie commençoy de nôbrer les graces que mô Prince a receu de Dieu. La Iuſtice côme le but auquel il dirige toutes ſes aᶜtiôs & le fondement de ſon Regne. La Pieté qu'il a choiſie pour ſa Couronne. La Puiſſance qu'il a d'enhaut côme ſon Sceptre. Mais vainement, puis que le Ciel l'a comblé de toutes ſes graces & de toutes les Vertus enſemble, en vain ie les recerche ſeparément, puis qu'elles ſont toutes vnies en ſon ame. Diſons donc tout en vn mot, A LOVYS treziéme.

IVSTITIÆ, CVI
AER MILITAT,

PIETATI, QVA
COELVM FLECTITVR.

POTENTIÆ, QVA
DOMANTVR MONSTRA,
GEMVNT TARTARA,

LVDOVICO XIII.

LA Statuë qui domine à cette superbe machine represente la Ville D'Aix. Vn excez de ioye rend son visage extatique, elle semble porter vne main aux piés de sa Majesté, de l'autre, elle luy montre son vieux Bouclier soûtenu par vne Victoire captiue, au milieu duquel elle luy faict voir son visage Sacré: Comme si elle vouloit dire que ses defenses ne consistent point à ses Tours, à ses murailles, à ses remparts qui ne font que foiblesse , ny à ses Canons qu'elle n'a pas, * mais au Prince qui la protege.

DIEV EST LE BOVCLIER DES ROYS, ET LES ROYS LE SONT DES PEVPLES.

Cependant qu'elle est dans cet hommage vn' autre Victoire attachee aussi en esclaue soûtient son casque ombragé de ses grandes plumes, son espée, & sa pique.

Ie ne sçay point si Pygmalion autrefois aymā son ouurage, ie fus épris du mien : Il pria, dit-on, les Cieux d'animer son image muete pour répondre à sa passion : Et moy, ie creu de trouuer en MALHERBE ce feu inspirant la vie que Promethée rauit aux Cieux. Ma croyance ne fut point vaine, il donna vne ame à cette Statuë, & luy fit ainsi la voix.

Grand fis du grand Henry, grand chef-d'œuure des Cieux,
Grand aise, & grand amour des ames & des yeux,
LOVYS dont ce beau iour la presence m'ottroye,
Delices des suiects à ta garde commis,
Le pourtraict de Pallas fut la force de Troye,
Le tien sera la peur de tous mes ennemis.

Grand fis du grand HENRY, aprés ces glorieux trauaux, spectacles si agreables aux Anges , dont les sainctes legions auecque vous combatent visiblement pour les Autels & pour l'état, aprés ces grands exploits, aprés tant de Victoires, que peuuent vos peuples tirés du naufrage consacrer à vostre Vertu?

CLAVDIVS ayant foudroyé trois cens vingt mille Barbares, & mis à fond deux mille vaisseaux, toutes les voix du Senat Romain furent d'accord à luy consacrer vn Bouclier : honneur que Rome donnoit aux Dieux & aux Princes CONSERVATEVRS DV PEVPLE, ET PROTECTEVRS DE L'EMPIRE.

LOVYS, digne fis du grand HENRY, cette fille de ROME, vostre Ville D'AIX, suiuant l'exemple de sa mere vous a consacré son Bouclier.

Nous y auons osé empraindre vostre image, cette face dont l'aspect genereux, comme celuy d'Achille , anime les armées, & de qui la douceur sereine la tempeste.

Ainsi Rome peignoit sur les Boucliers ses visages sacrés. Et comme le pourtraict de Pallas fut la force de Troye, de Rome, & de Constantinople , le vostre, ô grand Roy, sera la peur de tous nos ennemis.

B 2

Que les Chaldéens, les Babiloniens, les Aſſyriens portent leur Lyon ſur leurs
Boucliers, les Medes & les Perſes leur Belier, les Troyens Minerue, les Grecs
leur Bouc, ou leur Neptune.

Que Theſee y porte le Minotaure, Antenor le Lyon-berger, Eurypyle le
Lyon-poiſſon, Vlyſſe le Dauphin, Hercule, Achille, Agamemnon, Aiax,
Diomede, tout ce que les Poëtes Grecs y ont imaginé. Que Lycurgue y faſſe
voir ſon Trident, Alcibiade l'Amour auec la Foudre, Alexandre le Lyon,
Pompée le Lyon tenant vne eſpee, Cæſar l'Aigle, Veſpaſian & Domitian les
horreurs de la Gorgone portee par Minerue & Perſee.

Que les Soldats Romains y montrent leurs Aigles, la Foudre, les noms de
leurs Princes, de leurs Capitaines, les leurs, les marques & les blaſons des
Compagnies & des Legions, leurs couronnes, leurs beaux faicts auec leurs
pourtraicts, les faicts & les pourtraicts de leurs peres.

Nous porterons le viſage ſacré du pere de la Patrie, de ce Prince à cœur de
Lyon, de cet Aigle haut-volant par deſſus tous les Roys qu'on vid iamais au
Monde.

Nous montrerons le pourtraict auguſte du grand fis du grand H E N R Y,
l'Arbitre de la Paix, le Foudre de la Guerre.

Rome, tandis que tu fus Rome, c'eſt à dire, non ſeulement le chef, mais
le cœur & l'eſprit méme du Monde, tu enuoyois par les Prouinces les pourtraits de tes Empereurs, Tes Soldats les adoroient éleués au pair de tes Aigles,
Tes Magiſtrats les faiſoient porter deuant eux. On les voyoit dans les Palaix,
dans les Temples, dans les places publiques, & leurs Statues parmy celles des
Dieux étoyent l'azile ſeul qu'on n'oſoit violer. Ceux méme à qui tu comme-
tois tes charges les plus releuées veneroient ces images ſacrees ſur leurs liures
D E S C O M M A N D E M E N T S, où tes lampes, où tes chandelles allumées deſſus les Chandeliers dorés, nous font voir aſſés les tenebres de tes ames, & la
vanité de tes loix.

Loin de mon Prince ambition ſacrilege, vaines ombres de Iuſtice, vains
idoles de valeur, arriere vaines fumées. Il preſcrit ſes loix par ſon exemple, &
ſa preſence aux combats faict triompher ſes armees.

Cependant, ô grand Roy, l'amour de tant de merueilles vous ayant peint
dans nos cœurs, nous vous auons oſé peindre deſſus noſtre Bouclier, Sacré
Bouclier, que nous éleuons ſur la porte de noſtre Ville, que nous garderons
dans vn Temple, attendant que nos neueux l'éleuent ſur nos Autels.

Ceux qui recerchent la nature des choſes dans la vertu des premiers noms
qui leur furent donnez, & qui s'en ouurent l'intelligence par la langue Saincte
diſent, *Que les Princes de la terre ſont nommez Boucliers, pource que ce mot* Maghen
Bouclier, porte les ſignifiaiſons de proteger & d'enceindre. De là ils tirent la conſequence de
cette verité, *Que les Roys ne ſont éleus de Dieu que pour la protection des peuples : Que
la vie & le ſalut des peuples ſont enfermez dans la couronne qui ceint les teſtes des Roys.
Ainſi Saül dans le 2. des Roys chap. 1. eſt appellé* B O V C L I E R. *Et au Pſeaume* 46. *où
noſtre verſion faict lire* Fortes terræ, *l'Hebrieu dict* Clypei terræ. *Dans Iſaïe chap.* 21.
où nous diſons arripite Clypeum, *l'Hebrieu dict* vngite Clypeum, *ce qu'on explique*
vngite Principem. *Que ſi nous éleuons nos penſées à celuy qui eſt le Roy des Roys, comme*
                                                                      au Pro-

au Protecteur fur toutes fes creatures de la nature humaine , & parmy tous les hommes des
enfans d'Abraham , de ceux dy-ie qui font benis en fa femence , au Genefe 15. verf. 1. Il ne
met fur Abraham autre Bouclier que foy-méme , & ne luy promet autre recompenfe que foy-
méme. Ne timeas Abram ego Clypeus tibi , merces tua multum valdè. *Ne*
crains point Abram , ie fuis ton bouclier & ta recompenfe abondamment : Où Sainct
Hierome comme expliquant ce mot a mis Protector tuus. *Dans le Pfeaume 84. verf. 10.*
Scutum noftrum vide Deus , *où les Septante* Protector nofter : *ce qui peut auffi*
receuoir cette verfion, Scutum feu Regem noftrum vide Deus & refpice in faciem
Chrifti tui. *Et en ce méme Pfeaume où les Septante difent,* Mifericordiam & veritatem
diligit Dominus, *l'Hebrieu dict* Sol & Clypeus Dominus. *Dieu eft appellé Soleil*
comme verfant fur nous toute forte de biens & de graces, & Bouclier tout enfemble, comme
nous defendant de tous maux. Et la verfion des Septante n'eft point difcordante du Texte,
pource qu'ils ne prenent point ce mot de SOLEIL *pour celuy qui nous éclaire , mais pour*
fon Archetype qui eft la Mifericorde : & par ce mot de BOVCLIER *ils n'ont voulu dire*
autre chofe que ce qu'en dit le Pfalmifte, Scuto circumdabit te veritas eius : *Nous fai-*
fans entendre par cette interpretation, que comme la Mifericorde de Dieu , eft la fource de
tous nos biens, c'eft auffi pour caufe de fon pache & la verité qui eft en fes promeffes qu'il
nous defend du mal.

Que fi nous iettons la veuë fur l'Hiftoire prophane , qu'eft-ce que l'Ancyle tombé des
cieux, que ce Roy celefte, cette Verité qui eft venuë en terre ? Et la conformité des douze
Boucliers , n'eft-ce pas la conformité de la Doctrine préchée par les bouches des douze Apoftres
à tous les peuples? Et pourquoy fi curieufement conferués dans Rome , que pour nous predire
que cette Ville deuoit quelque iour tenir en depoft les trefors du Ciel , & que de là ils fe-
roient communiqués à toutes les nations du monde.

Mais fi les lettres Sainctes appellent les Princes BOVCLIERS. *S'ils en font appellés*
Angles, au liure des Iuges chap. 20. Et au premier des Roys chap. 14. fi les Princes des
Philiftins font appellés SERANIM, *que plufieurs expliquent* PIVOTS. *Quel nom vous*
donneray-ie, ô mon Roy? Vous à qui Dieu a donné cette Puiffance, qui vous faict être le
Bouclier de fon peuple. Qui aués de fa grace la Iuftice comme l'Angle & le fondement fur
lequel il établit les Royaumes, Iuftus fundamentum Seculi. *Vous di-ie qui aués de fa*
main la Pieté & la Prudence , ainfi que les Piuots fur lefquels il roule autour de foy vos
actions , & autour de vous nos fortunes. Et fi toutes ces Vertus font en vous quelle Idée
nous peut les reprefenter que voftre Image ? Voyla le feul bouclier de nos murs , le fonde-
ment de nos bâtiments, & les Piuots fur lefquels nous roulons nos penfées.

Cinq Amours, mais Amours fans bandeau, à grands drapeaux de guerre
déployés, font le couronnement de cet Arc, & marquent les cinq Quartiers de la Ville.

Qvatre grandes Statues éleuées dans leurs hautes niches entre les dix
Colomnes qui portent cette machine reprefentent SEXTIVS, MARIVS,
& les deux premiers CÆSARS. Ie ne les ay point logés icy pour feruir

d'ornement, ny en Perſes vaincus, ou en Cariatides pour ſoutenir la maſſe. On en peut aprendre la cauſe, par les tableaux que i'étale en mes quatre Pie-deſtaux.

SOus la Statue de SEXTIVS, ie repreſente le vieux plan de la Ville qu'il auoit fondée. Vn Docte eſprit de noſtre Siecle en ſes Memoires des Gaules a deterré nos vieilles maſures, rebáti nos murs, & faict voir les enſeignes Romaines ſur noz premiers remparts, par cette belle obſeruation.

M. du Pleix.

Ce pretexte de ſecourir les Marſeillois leurs alliés, ayant ainſi obligé les Romains à porter les armes deça les Alpes, ils ne perdirent point cette belle occaſion d'y faire la guerre : & neantmoins contractant finement alliance auec quelques vns des peuples Gaulois, ils iettoyent les fondements de leurs conqueſtes pour bátir leur domination de la ruine d'autruy. Ce fut donc ſeulement deux ans aprés leur premiere ſaillie qu'ils reuindrent en la Gaule de deça les Monts auec vne puiſſante armee, conduite par CAIVS SEXTIVS, qui auoit été Conſul l'année auparauant à Rome. Les particularités de cette guerre ne ſe trouuent point, & n'en reſte autres memoires ſi ce n'eſt que SEXTIVS vainquit & ſubjuga les SALYENS, qui n'auoient pas été entierement domtés à la guerre precedente par Fuluius Flaccus : & qu'aprés ſa victoire il fonda la Colonie D'AIX en Prouence : laquelle fut appellée AQVÆ-SEXTIÆ, du nom de ſon fondateur, & de la diuerſité des eauës qui étoient en ces quartiers là tant chaudes que froides. Mais Strabon remarque en ſa Geographie que les eaux chaudes y ſont depuis pour la plus-part deuenues froides : ce qui arriue facilement ſi quelque veine d'eau froide vient à ſe décharger dans le canal des eaux chaudes. Cette colonie ainſi dreſſée & la ville D'AIX fondée fut comme vne forte citadelle des Romains pour établir leur tyrannie en la Gaule. Mais auſſi étant de leur fondation ils la fauoriſerent tousjours dépuis ſur toutes les autres Villes de la Prouence. Si bien qu'elle fut la Capitale, & l'eſt encore, combien que pendant quelque temps Arles ait receu des prerogatiues Royalles.

Louys de Gallaup Sieur de Chaſtueil mon pere, auoit laborieuſement ramaſſé les premieres pieces dont cette Ville fut autrefois ſuperbe. Il auoit trouué les ſources de ſes Eaux, il ſuiuoit les reflots de leurs annees, & ſes longues veilles en euſſent conduit, ſans doute, l'Hiſtoire iuſques à ce Siecle, ſi les Deſtins n'euſſent tranché ſa vie au milieu de ſa courſe, & ſon ouurage en ſon com-mencement.

Voicy ſon premier trait, & le project d'vn grand volume.

C. Sextius Caluinus Proconſul, âgé de quarante deux ans, l'an de Rome 631. auant la Natiuité de IESVS-CHRIST 121. enuiron le mois de Iuillet Cn. Domitius & C. Fannius étans Conſuls, aprés auoir mis en fuite le Roy Teutomalius, & affoibli les forces de ces fortunés SALVIENS ennemis redoutables des Marſeillois, & reuoltés contre les Romains dés le triomphe de M. Fuluius Proconſul ſon deuancier, ſur le cham de ſa Victoire conſacré par luy à Mercure, erigea en Capitale Cité le fameux declos de Vilie auparauant nommée des eaux chaudes & froides, qui d'ordinaire y ſourcent, EAVX, & quelque temps aprés du nom de ſon Reſtaurateur SEXTIVS, EAVX SEXTIENES, & à preſent AIX. Ce fut pour tenir ouuert le paſſage de l'Italie aux Gaules, pour laiſſer vn gouuernail imperieux au Royaume dompté, & pour la paix & l'appuy de Marſeille. Ce fut luy qui la forma & poliſſa

ſur

fur le modelle propre de l'image de Rome, luy donna voix dans Rome, & luy paua le chemin
à fes dignités, faueurs, & largeffes, la peupla de la Colonie Volfciene FABRATERIA,
prouin de cette belliqueufe aduerfaire des Samnites & confederée aux Romains que la voye
Latine & le fleuue Trerus trauerfoyent, & de qui Sextius *auoit tiré la meilleure partie du gros de*
fes troupes. Belle & fleuriffante à fon temps FABRATERIA, *Cité qui neantmoins a perdu la clarté*
de fon luftre, & s'eft éuanouye, fi ce n'eft qu'auecques fes Citoyens elle aye changé de contrée,
& qu'ores elle épaniffe & rayonne en fa premiere fplendeur au fecond pourpris de cette nouuelle
Cité.　Les fondements ferme-plantés de fa triomphante Colonie, il triompha de ceux de la
cofte & lifiere de Genes, nommés Ligures, de ceux de la haute Prouence & Dauphiné, nom-
més Voconces, de ceux depuis Marfeille d'entre les Alpes & le Rofne iufques à la Durance
nommés Salyens, qui pour être éloignés de Rome & les premiers vaincus deça les cloiftres
de l'Italie prindrent fous le ioug de SEXTIVS *le nom de* PROVINCIAVX, *& le*
Royaume le nom de PROVINCE: *bien eft vray que par le retour des Siecles, & le fe-*
coüement de leur feruitude ils ont pris celuy de PROVENÇAVX *& la terre le nom de* PROVENCE.
Ce Caius étoit fils de Caius & neueu de Caius.　Il étoit maladif mais Magnanime, Eloquent,
& Iudicieux.　Si bien que les Romains lors que la doleur des iambes dont il étoit trauaillé
luy donnoit du relâche, le recerchoient, & s'aydoyent de fon courage, & de fon efprit, bien
qu'on l'ouït peu fouuent haranguer. Son triomphe, fa magnificence, fon pouuoir, ne fe montrent
pas feulement à nous par le crayon de fon Hiftoire, & par les vieux marbres, mais encore
par les empraintes des medailles.　Les victorieufes teftes du triomphateur, les roües volantes
à l'égal de leurs courfiers, les Chariots découuerts, les effigies releuées, les Sceptres aboutis à
petites figures de Colonie, le rond branchage des Lauriers, les Palmes deployees, les élancements
des Victoires fufpenduës, les parlantes lettres de CAIVS SEXTIVS CALVINVS PROCONSVL,
le diuin decret d'immortalifer fa memoire , Senatus confulto, que les boffus lineaments
des oboles venerables du Threfor Romain étallent aux yeux de l'Vniuers, les vieilles mafures
& ruines my-découuertes du fourcilleux theatre & Thermes fontaineufes de la Cité d'Aix,
que la Cité d'Aix defire & haleine encor de reuoir, publient à pleine bouche & declarent
ce que l'enuie & les tenebres ne fçauroyent iamais receler. Quittons SEXTIVS, *fuiuons le*
train coulant de fes eaux, nous verrons qu'a leur 21. reflot d'annee Caius Marius met en
pieces cent quatre-vingts mille Teuthons & Ambrons en leur giron.　Nous verrons
qu'a leur trentetroifiéme elles roidiffent & tendent leurs bras fecourables à Cæfar, & rendent
Marfeille Prouençale.　Qu'a leur 157. elles mêlent leur liqueur à la liqueur du Sainct &
Sacré Baptéme de IESVS-CHRIST. *Qu'a leur . . . .*

LE Tableau qu'on voit au Piedeftal de MARIVS reprefente fa victoire.　Les
Aigles Romaines dominent à la campagne, & ces peuples qu'on dit étre
venus de Cimmerie auecq les Cimbres, trouuent fous ce doux air, en la beauté
de ce lieu, & parmy les viues fources de ces Eaux, la region de la mort & des
Enfers qu'Vlyffe cerchoit en leur terre.

Le Dieu de l'Arc, hors de fes eaux, faict icy la méme priere à MARIVS que
Xanthe faict à Achille dans Homere.　Il luy montre fon canal remply de ces
grands corps, & fes chams rauagés par fes ondes fanglantes.　Il femble qu'il fe
plaigne & qu'il luy parle ainfi.　Arreftez voftre fureur courageux Romain,
c'eft affez, triomphez maintenant de Mars & de vous méme.　Voftre courroux
s'étend fur mon innocence, laiffez couler mes eaux en paix dedans la mer.

Vn rocher fourcilleux regarde cette Ville entre les Aquilons & le Soleil couchant , ce fut fur fes hautes pointes que cette main victorieufe éleua fes trophées, & donna vn Temple à la Victoire.   Elle y paroit auecq Mercure , &
tous deux pour vn intereft femblable.   Ces Diuinités femblent regarder auecq
plaifir l'horreur de ce fpectacle.   Cependant la Victoire montre à Mercure le
lieu où fon Autel fera dreffé.   Mercure étandant fa main luy montre tout le
cham que SEXTIVS luy donna, & que ce grand exploit luy conferue.   Ils con-
fpirent , pour ce fuject , l'vn & l'autre à méme deffein, & affiftent vifiblement
la Fortune Romaine.

Les deux Vautours qui fuiuoient Marius aux combats volent deffus fon chef.
Marthe la Syriene veftue de pourpre, la lance en la main , auec fes banderolles
& fes chapeaux de fleurs , fe montre du cofté de la Ville.   Et la Mere des
Dieux, qui predit à fon Preftre cette iournee , paroit auec fes Lyons fur le rocher que les âges derniers ont facré à la Mere du Dieu des Dieux, foubs le nom
de Reyne des Anges.

L E Piedeftal du grand vainqueur des Gaules de qui cinq triomphes publient
la valeur, & celuy de cet autre Cæfar qui premier a porté le titre de Monarque, reprefentent dans leurs tableaux les Villes d'Aix & de Marfeille.

Ie referue la caufe & la raifon de cette peinture à vn autre labeur, & au difcours entier DES ANTIQVITEZ DE LA VILLE D'AIX.

C Ette belle & grande ftructure fut dreffée deuant la Porte des Auguftins,
Porte deftinée aux entrées Royales. Le Poile y fut prefenté à fa Majefté,& les
clefs de la Ville.   Elle les reçeut & iura la continuation des Priuileges donnés
par noz vieux Comtes de Prouence, & confirmez par noz Roys depuis Louys XI.
Aprés elle fut conduite dans la Ville parmy les acclamations de la ioye publique.

On a dit autrefois que les hommes étoyent quelque chofe de la bonne
Nature , mais que parmy les hommes LA NATVRE DES ROYS ETOIT
TOVTE DIVINE.

Noftre peuple à qui l'amour & la fidelité ont imprimé cette croyance de la
perfonne Sacrée de fes Roys, & qui n'auoit iamais eu le bonheur de voir cette
Augufte Majefté, en fut tellement touché , que fes mouuements étans extraor-
dinaires, elle méme en fut émeuë, & dit QVE SA VILLE D'AIX LE
RECEVOIT EN DIEV.

Ce grand Mars, le Prince Lorrain ne paroit point icy, & priue par fon abfence
la Prouince du plus digne ornement que fa Majefté y pouuoit trouuer.   Grand
Roy il vous ouure les Mers, & ces haures fans foy que la Felonie vous a fermés.
Il vous ouure auec cent Canons le fein des Roches rebelles, & fe faict vn chemin à l'immortalité.

TROISIESME

ARC.

CE Theatre fut deſſeigné pour vn TROVBADOVR ſur le haut de la ruë des Auguſtins, auprés du Troiſiéme Arc : Auſſi ne l'ay-ie mis icy que comme piece de la Machine.   La venuë inopinée de ſa MAIESTE' ne me donna pas le temps d'étaler mon inuention, ny au TROVBADOVR de la ſaluër en ſon langage.

Maretz f.

DOLATRE Antiquité, de quelles fueilles, de quelles fleurs, n'as-tu pas couronné les Autels des Muses ? Et toutesfois, dit-on, la Palme, le Laurier, le Lierre, les Plumes, sont les dons les plus agreables qu'on fasse à leurs Diuinitez. Latone enfanta Apollon & Diane sous vn Palmier. L'objét des Lauriers qui couurent les riues de Penée arrestem encor amoureusement les yeux d'Apollon. Au combat des Muses & des filles de Piere, Calliope, qui seule entreprit la defence de celles de son party, lia ses cheueux noirs de fueilles de Lierre. A celuy des Sirenes, le cham étant demeuré à ces neuf doctes Sœurs, elles dépouïllerent les Nymphes vaincues des aisles qui les rendoient superbes, & se firent voir le méme iour sur le Mont Parnasse les testes couronnées de Plume.

CE Theatre dressé pour vn vieux TROVBADOVR est composé de Palme, de Laurier, de Lierre, & il y paroit à l'exemple des Muses la teste couronnee de plume, mais de plume de Paon.

Si la meilleure partie de la Poësie consiste en l'inuention : Si pour l'agreable diuersité des inuentions qu'on admire dans les vers d'Homere, * les Platoniciens on dit qu'il fut transformé en Paon : Le nom de TROVBADOVR n'ayant pris sa source qu'en la beauté des Inuentions, dont nostre vieille Poësie abonde, Quelle autre couronne pouuoy-ie donner, ô beaux & grands esprits, ô vieux TROVBADOVRS, à celuy qui sort du tombeau, pour au nom de vous tous saluer le Monarque le plus grand & le plus Auguste à qui iamais les neuf Muses ayent consacré leurs voix.

L'habit que ie donne à ce vieux Poëte, est celuy de son siecle. Sa main soutient vn sceptre de Laurier. On void auprés de luy vne trompette, vne Lyre, & quelques autres instruments de Musique. Les roses, les œillets, les violettes naissent dessous ses pas. Et bien que la voix d'vn mort étonne la Nature, ces vers sont si doucement poussés par la sienne, & le charme en est si agreable, que nous sommes forcés de croire, auecq le Philosophe qui pour auoir si bien parlé de Dieu, merita le titre de Diuin, qu'il y a de la diuinité en ceux que les fureurs d'Apollon inspirent.

* Lucian en son Histoire fabuleuse & dans son Isle des bien-heureux, dict qu'Hesiode y est vainqueur d'Homere, & que le prix de sa victoire est vne couronne faicte de plume de Paon. Et cet autres discours.

D

LOV TROVBADOVR.

AV · REY.

GRAND *Prince digne Enfan de Mars*
Que frescament de tant d'azars
Venez de cullir millo Palmos,
Lou Ceou vous à predestinat,
Per rendre las tempestos calmos,
E tout l'Vniuers estonnat.

Vous auez domptat de nouueou
Braue Herculo mignon dou Ceou
Leys Monstres mutins de la Franço,
E talamen endoumajas,
Que n'an de tout gés d'esperanço
De se veire plus flatejas.

La bontat, commo la valour
Fan son ordinari seiour
Dintre voüestre coüer senso doute,
Vequi perque segurament
Fau que lou monde vou redoute,
E vous ame pareillament.

Meys semblables an commensat
Millo Princes dou tens passat
Rengear au Temple de memori,
Conjurant lou poble à venir
Qu'a sa vertut plenno de glori
Iougnesson lou resouuenir.

Nouuelament resussitat,
Per surpassar l'antiquitat;
Veni cantar à mon ramagi
E representar per mey vers
La iusto humour, è lou couragi
Dou plus grand Rey de l'Vniuers.

Fasse lou puissant Redemptour,
Deys Reys de Franço Curatour,
Que son bras dins la Palestino
Se trobe en sorto redoutat,
Que la fé Crestiano è diuino
L'y poussede l'autoritat.

                         BRVEYS.

IL sembloit que les Noms immortels de Poete & de Poesie fussent pour iamais enfermés dans le tombeau du grand Theodose, les Muses Latines & Grecques rendirent l'ame auecque luy. Nos vieux Princes en rallumerent premiers la cendre, les rappellerent à la vie, & sous les douces influances des faueurs dont ils les obligerent, * elles reprindrent leurs chansons. Ces superbes filles du plus grand de tous les Dieux, aprés cette seconde naissance, volurent paroistre en leur Majesté; Elles entent a mespris les Antres, les bois & les maisons de chaume : & refusant leurs inspirations aux Esprits vulgaires, elles ne voulurent plus loger que dans les Palaix des Princes, & parmy les Caualiers.* En la suite de diuers âges, de quelles merueilles n'ont elles pas rendu cette Prouince illustre? Ce fut toutesfois sous Remond Berenger deuziéme, que leur Diuinité y parut plus visiblement, & qu'elles s'y móntrerent veritablement Deesses. Ce fut alors dy-ie que la gloire de la Poesie monta en son Apogee, & versa dessus la terre ses plus illustres rayons.

L'Autheur de l'Histoire de Prouence en l'année MCLXII. *Ce n'est pas*, dit-il, *vne petite gloire, qu'vn grand & Magnanime Empereur soit au frontispice & couronnement du Temple de nostre Poesie, & marche en teste de nos Anciens* TROVBADOVRS. Il parle de Frideric I. a qui Berenger, dit ce digne Escriuain, *fit si melodieusement ouïr le chant de nos Poetes, que luy méme qui étoit Prince fort Docte voulut auoir part à leur loüange.*

Voicy vne piece de sa façon.

PLas mi Caualier Francés,
E' la donna Cathalana,
E' l'onrar del Gynoés,
E la Cour de Kastellana,
Lou cantar Prouençalés,
E' la dança Treuisana,
E' lou corps Aragonés,
E' la perla Iuliana,
Las mans è Kara d'Anglés,
E' lou donzel de Tuscana.

Vn Roy d'Ægypte, & c'est ce Ptolomée dont le nom porté par le Monde sur les aisles de la Renomée, & publié par ses cent bouches, doit passer en durée les marbres des Temples & des Pyramides de la terre soubmise à son sceptre, Ce docte Prince fit choix des sept plus fameux Poetes de son temps, qu'il appella Pleiades.

Theocrite, Nycandre, Aratus, Apollonius, Phileque, Lycophron, & Homere le ieune, composoient ce nombre mysterieux.

Nostre Berenger en veid sept sous son regne qu'il pouuoit appeller Planetes.

Fra tutti il primo ARNALDO DANIELLO, *Gran Maestro d'amor.*
GIANFRE RVDEL, *ch'vso la vela èl remo, A cercar la sua morte.*
GVILLEN D'ADHEMAR Sr. de Grignan.
GVILLEN D'AGOVLT Sr. d'Agoult.

D 1

* Aussi ces faueurs leur firent quitter leurs langues naturelles pour apprendre la Prouençale.

* La plus grand part des Poetes qui escriuoyent leurs conceptions en langage Prouençal, étoient ou Gentils-hómes ougráds Seigneurs, esquels on ne pouuoit facilement rmarquer vne Poesie Pedátesque.

Monsieur Pasquier en ses recherches de la France.

Ceux qui ont écrit de nos Troubadours mettent aussi en montre Frideric II.

Petrarque.

Gᴠɪʟʟᴇɴ de S. Dɪᴅɪᴇʀ Gentil-homme de Vellay.

Eʟᴢɪᴀs de Bᴀʀᴊᴏʟs.

Pᴇɪʀᴇ du Vᴇʀɴᴇɢᴠᴇ Sr. du Vernegue où l'on void encor son tombeau auprés du Mausolée.

On ne peut parler de nostre Poesie sans nommer nos vieux Comtes, les Comtes de Tolose & de Poictou, l'Illustre Esᴛᴇᴘʜᴀɴᴇᴛᴇ Princesse des Baux, La Comtesse de Die, Aᴅᴇʟᴀsɪᴇ Vicomtesse d'Auignon, Rɪᴄʜᴀʀᴅ appellé cœur de Lʏᴏɴ fis de Hᴇɴʀʏ, Roy d'Angleterre. L'amour de ma terre natale m'emporte, & me faict outre mon dessein étaler vne piece de cette main Royale.

LO REY RYCAR.

Iᴀ nuls hom pres non dira sa razon
A drechament si com' hom dolens non
Mays per conort deu hom faire Canson,
Pron ay d'amis, mays paures son ly don
Aucta leur es si per ma Rezenson
 Estauc dous huuers pres.

Or sachon ben myey hom è myey Baron
Anglés, Norman, Pyectauyn, è Gascon
Qu'yeu non ay mya, si paure compagnon
Qu'yeu per auer lou leysses' en preson
Non ho dic mya per gab si per ʋer non
 En son cor soy ja pres.

Car sachon ben per ʋer certanament,
Qu'hom mort ny pres, non amyc, ny parent,
E si my layssan per aur, ny per argent
Mal m'es per my, may pieg es per ma gent
Despuis ma mort n'auran reprochament,
 Si sa my laisson pres.

Non merauilh s'yeu ay lo cor dolent,
Que me sires mes amycs è turment
Or ly membre de nostre sagrament
Que fezemis el sans cominalment,
Or say yeu ben que ja trop longuament,
 Non seray ja soufpres.

Suer Comtessa, ʋostre pres soubeyran
Sal Dieu esgard la bella qu'yeu am' tan.
 Ny per qui syeu ja pres.

Cette

Cette chanſon auoit ſon addreſſe à la Princeſſe de Prouence, & il s'y plaint de ſa longue priſon.

RICHARD (dit l'Hiſtoire d'Angleterre) *prenant la coſte de la Thrace, à ſon retour de la terre Saincte, fut porté par la tempeſte dans la Dalmatie, où s'habillant en Templier, il delibera de trauerſer toute l'Allemaigne : Mais étant en Auſtriche, il ſe reſſouuint qu'a la priſe d'Acre il auoit faict oſter les enſeignes des Auſtrichiens de deſſus les murs de la Ville : C'eſt pourquoy la crainte ſe ietta en ſon ame & luy fit cercher les chemins plus écartés. Tous ſes deguiſemens ne peurent detourner ſon deſtin. Leopold le fit retenir priſonnier, la nouuelle en fut auſſi toſt portée a l'Empereur qui le pria de le luy enuoyer, ce qu'il fit, & l'Empereur le retint vingt & deux mois.*

Le dernier vers de la premiere Stance, Eſtauc dous Huuers pres, *preuue cette verité.*

Ce diſcours eſt imparfaict s'il n'eſt fini par la Chronique de M. FAVCHET.

Ce Roy ayant nourri vn Meneſtrel appellé Blondel, il penſa que ne voyant point ſon Seigneur il luy en eſtoit pis, & en auoit ſa vie à plus grand meſaiſe. Et ſi eſtoit bien nouuelles qu'il eſtoit party d'outre mer, mais nus ne ſçauoit en quel pays il eſtoit arriué. Et pource Blondel chercha maintes contrees, ſçauoir s'il en pourroit ouyr nouuelles. Si aduint apres pluſieurs iours paſſez, il arriua d'auenture en vne ville aſſez prez du Chaſtel où ſon Maiſtre le Roy Richard eſtoit, & demanda à ſon Hoſte à qui eſtoit ce Chaſtel : & l'Hoſte luy dict qu'il eſtoit au Duc d'Auſtriche. Puis demanda s'il y auoit nus priſonniers, car touſiours en enqueroit ſecretement où qu'il allaſt. Et ſon Hoſte luy dit qu'il y auoit vn priſonnier, mais il ne ſçauoit qui il eſtoit, fors qu'il y auoit eſté bien plus d'vn an. Quand Blondel entendit cecy, il fit tant qu'il s'accointa d'aucuns de ceux du Chaſtel, comme Meneſterels s'accointent legerement, mais il ne peut voir le Roy, ne ſçauoir ſi c'eſtoit-il. Si vint vn iour endroit vne feneſtre de la tour où eſtoit le Roy Richard priſonnier, & commença à chanter vne Chanſon en françois, que le Roy Richard & Blondel auoient vne fois faicte enſemble. Quand le Roy Richard entendit la Chanſon, il cogneut que c'eſtoit Blondel : Et quand Blondel ot dict la moitié de la Chanſon, le Roy Richard ſe prit à dire l'autre moitié, & l'acheua. Et ainſi ſceut Blondel que c'eſtoit le Roy ſon Maiſtre. Si s'en retourna en Angleterre, & aux Barons du Pays couta l'auenture.

Suyuons noſtre route premiere. Comment pourrions nous oublier BERAI. de la maiſon des Princes des Baux ? BONIFACE de CASTELANE nommé le Prince de Caſtelane, LVQVEL de LASCARIS de race Imperiale, & des Comtes de Vintimille, de Tende & de la Brigue ; REMOND IOVRDAN des Vicomtes de S. Anthoine en Quercy, BLACAS Sieur d'Aulps, BERTRAND du Puget, YSNARD de DEMANDOLS, BERTRAND des Vicomtes de Marſeille, PEIRE de BONIFACIIS, le Magnifique LVCAS de GRIMALDIS, PERCEVAL DORIE, BONIFACE CALVO, HVGVES de SAINCT CIRE Gentils-hommes venus de Gennes, BERNARD RASCAS, SAVARIN de MAVLEON Gentil-homme Anglois, IAVFRED du LVC, FLASSANS, CADENET, PONS de BRVEIL, MARCHEBRVSC, Ceux des Familles D'ALLAMANON & D'VSEZ, REMOND ROMIEV, PEIRE BOYER,

Hvgves de Pena, Peire de Rvere, Raovl de Gassin, Iavme
Motte, Barbezievx, Sordel Gentil-homme de Mantoüe, Le
Monge de Montmajour, celuy des Isles d'Or, Sainct Cæsari, & cent
autres qui ont heureusement graué leurs noms de leurs propres mains aux Fastes
d'Apollon & de la Gloire.

Ornements de ma terre, Astres eternellement luisans, vrayes intelligences sous
vn visage humain, c'est des ruînes de vos ouurages superbes, que la France,
l'Italie, & l'Espagne ont si glorieusement éleué des Temples aux Muses.
Toutes les langues Vulgaires sont composées des dépoüilles de cette-cy.
Ceux qui ont creu que c'étoit le vieux Gaulois l'ont preuué par tant de raisons,
& auecq tant de conjectures, qu'ils ont faict passer leur opinion presque en force
de verité.   Ie leur abandonne les pointes de cette question, & la loüange de
nostre Poesie & de nos Poetes à Dante, Petrarqve, Boccace,
Bembo, Mario Eqvicola, Lvdovico Dolce, Cyno de
Pistoya, Gvido Cavalcanti, Speron Sperone,
Boscan, & apres eux, à Iean & à Cæsar de Nostradame.

Sire, ces vieux Princes, qui semblent aujourd'huy auoir repris leurs corps
dedans leurs sepultures, pour venir admirer en vous tout ce que l'ingenieuse
subtilité des Esprits de leurs âges auoit feint d'eux, seroyent sans nom
sous la poussiere, sans l'ayde de ces doctes plumes.   Sans elles on ne sçauroit
quelles sont les couronnes qu'ils mettent à vos piés : Vous les fouleriés sans
doute pour n'en sçauoir le prix ; & ce sont elles qui leur donnerent cette agreable
verdure que la rigueur de tant d'Hyuers n'a peu flétrir.

Cette Prouince, ô mon Roy, mere feconde de ces beaux & glorieux Esprits,
languit maintenant dans l'obscurité d'vne nuit eternellement sombre, pour étre
la plus reculée des doux rayons de vos yeux. Comme elle ne respire que vostre
amour, comme vostre Majesté est le seul objet de tous ses vœux, si en échange
vos faueurs daignent luire sur elle, les terres étrangeres y reuerront les merueilles
des Siecles passez.   Nos plumes peuuent encor entreprendre de porter la vie
au delà du trépas. Nos noms, comme ceux de nos Peres, peuuent remplir les
espaces du temps, & tous les Siecles s'ouuriront aux beaux faicts dont nous
consacrerons la memoire.
C'est vn blápheme contre l'Autheur de la Nature, de dire qu'elle est lassée, &
qu'affoiblie par la course des années elle ne peut rien faire voir qui soútiene la
Majesté de ses premieres productions.   Arriere vains discours, loin, bien loin
maudite enuie, Arriere Esprits noirs & malicieux,

Car

Car ſi liſant nos ouurages
    Vous y demeurés confus,
    Ne parlés pas des vieux âges,
    Ny de ceux qui ne ſont plus.

Nous en aymons la memoire,
    Leurs noms ſoyent toujour plus beaux,
    Et que tous les ans, la Gloire
    Couure de fleurs leurs tombeaux.

Mais eſt-ce quelqu'autre Monde,
    Sont-ce d'autres Elements?
    Le Ciel, l'Air, la Terre, l'Onde
    Ont ils d'autres mouuements?

Vn méme Aſtre nous éclaire,
    Nous reſpirons vn méme Air,
    Tenans d'vne méme mere
    Et la vie, & le parler.

O des plaines Fortunées
    Heros les plus fortunés,
    Nous nous plaignons des années
    Qui vous ont faicts nos aiſnés.

BERENGARIVS SOCER Sti LVDOVICI
CAROLVS PATER Sti LVDOVICI EPISCOPI
Marolz sculp

3

ERSIN premier Comte de Prouence paroit ſur le haut de cette Machine chargée de tant de harnois diuers & de tant de vieilles Machines de guerre.

Les creſtes ſourcilleuſes d'vne montagne d'armes & de corps entaſſés l'vn ſur l'autre en trophée l'éleuent en triomphe & le portent aux Cieux.

On void ſon corps panché ſur le long bois de ſa pique, & ſous ſes piés ſept Roys, deux Princes, & deux Comtes vaincus.

Sur la foy d'vn vieux Manuſcrit Prouençal, i'oſe nommer les Roys ARCHIN, CARBVYER, ANDEGIER, AVTAN, les Roys de Tartarie, de Troye & de Gallice, les Princes HERMIN & MONTARIN, les Comtes BYGARD & D'AGASSIN. Roys, Princes, Comtes infortunés que ce ieune Prince fit ſortir à coups d'eſpée de la ville d'Arles, où ils s'étoyent relancés fuyans deuant ſes armes victorieuſes, ou pluſtoſt deuant la victoire méme.

Les Hiſtoriens varient étrangement ſur ſon nom. Il en a été appellé TORSIN, VORSON, CORSON, TORSON, THESIN, TRESSIN, THVRSIN, TERSIN. Le penible trauail de la curieuſe & ſçauante plume de M. CATEL ſemble deffendre à la mienne le rapport de leurs opinions contraires, touchant ſon origine, ſes faicts, & ſon regne. Parmy ces diuerſités l'vn des plus grands hommes que noſtre Prouince ait veu, Autheur de mon Manuſcrit, aſſeure qu'il eſtoit Sarrazin, & que ſa valeur, dont rien n'auoit peu ſouſtenir l'effort, fit joug à la fin dans les murs d'Arles, ſous les armes inuincibles de Charlemaigne. Qu'eſtant priſonnier de ce Monarque pieux & magnanime, par traité de Paix il fut acordé entre eux.

Que TERSIN receuroit le Sainct Baptéme & le feroit receuoir à ſon armee Sarraſine.

Que Charlemaigne en échange donneroit à TERSIN en titre de Comté cette vaſte étanduë de la domination qu'on dit auoir été du vieux Sceptre de Toloſe.

Sa puiſſance s'étandoit doncques ſur toute la Prouince, à qui apres on donna le nom de * Marquiſat, delà le Rhoſne, par de là Auignon, Narbone, Bordeaux, Poictiers, & tous les enuirons des Pyrenées.

Les Comtes de Prouence & de Toloſe ſont deſcendus de luy. Rudel en auoit hautement chanté les armes, mais nulle rade, ô mal-heur! pour cette belle piece, au naufrage vniuerſel de nos TROVBADOVRS.

Ie pouuoy faire vn grand volume par le diſcours des noms & de l'vſage des armes, & des machines dont i'ay couuert cet Aic, & apporter icy tout ce que nos Eſcriuains en ont dit. Mais i'ay penſé, ô Lecteur, que i'écriuois au LOVVRE, & non point à l'Eſcole.

*Les Anciés ont vſé toutesfois indifferemmét des noms de Comte, Duc & Marquis.

Cette saillie faisoit l'inscription de la Statue de ce valeureux Prince.

HOS· EGO.

ME MAGNVS CAROLVS.

ILLE ETIAM VICTOR

CAPITI MEO CORONAM

IMPOSVIT.

HANC EGO PEDIBVS TVIS·

Et vrayment de quel autre discours pouuoy-ie animer cette Statue pour saluer le sang de Charlemaigne, & celuy qui en porte si dignement le Sceptre?

REMOND BERENGER.

Nous voyõs ainſi dans nos Chartres le nom & les titres de ce Prince Raymundus Berengarius D. G. Comes & Marchio Prouinciæ & Comes Forcalqueriÿ.

CELVY qui au coſté droiƈt de cet Arc appuyé ſur vn grand Eſcu d'or à quatre paulx de gueulles met bas ſes Lauriers aux piés de ſa Majeſté, ce Prince di-ie

> *Au fier aſpeƈt, au ſuperbe courage,*
> *Qui rien que Mars ne monſtre en ſon viſage,*   Ronſ.

C'eſt ce BERENGER qui finit icy la race des Princes de Barcellonne, & de GEOFFROY le Velu.

GEOFFROY, diſent les Hiſtoires d'Eſpagne, pourſuiuoit en France ſa grace pour auoir tué le Comte de Sardaigne meurtrier de ſon pere, & vſurpateur de Catheloigne, terre pour lors ſoubmiſe aux Fleurs de Lys.   Les fureurs de la guerre allumée contre les Normands fournirent à ſa valeur le Theatre ſanglant, où ſon bras fut dans ſon exercice & ſon cœur dans ſon element.   La Viƈtoire vole à la fin ſur le chef de LOVYS, c'étoit LOVYS II. & ce fut à cet auguſte nom que GEOFFROY conſacra ſes armes.   Les Caualiers François, qui l'auoient veu courir à trauers le danger, & les plus courageux ne trouuer que la peur, la fuite, & la mort, à la rencontre de ſon eſpee, furent touchez de cette vertu, quoy qu'étrangere, & en porterent le témoignage à ſa Majeſté.   On le montra tout couuert de poudre, & de tant de ſang, qu'il ſembloit que tout ſon corps ne fut qu'vne ſeule playe.   Il n'y a cœur au monde qu'vn objeƈt ſi glorieux n'eut ému.   LOVYS en fut touché ſi viuement, qu'il le conjura de luy ouurir les moyens d'vne recompenſe, qui peut répondre à ſa valeur.   Ce genereux guerrier arreſtant ſes yeux où l'audace reſidoit encor, ſur ſon Bouclier qui n'étoit marqué que d'vn cham d'or, Grand ROY, dit-il, tout le prix que ie demande à mes trauaux, c'eſt des armes, & des blaſons de voſtre main, qui portent aux ſiecles à venir la memoire de mon ſeruice.

L'Hiſtoire dit, que le Roy baignant ſes quatre doigts dans le ſang qui couloit le long de ſes armes, tira les quatre paulx qu'on void ſur l'Eſcu des Roys d'Arragon, & de noſtre Ville.

Noſtradame en l'année mille cent huiƈtante quatre de ſa Chronique dit, qu'Ildefons I. Roy d'Arragon Comte de Barcellone & de Prouence, *par vne grande gratification & faueur Royale donna l'Eſcu de ſes armes à la Ville d'Aix.* D'autres ont creu que c'étoit noſtre REMOND BERENGER. Ce Prince en ſes ieunes annees fit ſes premieres armes aſſiſté de nos habitans, *& on lit qu'ayant faiƈt priſonnier Remond des Baux rebellé contre Ildefons II. ſon pere, les priuileges qui furent donnés à noſtre Ville pour cette digne aƈtion ſont ſous le nom du ieune Remond, par vne faueur particuliere que le pere fit au fis en recognoiſſance de ſa vertu.* Ces deux Princes aimerent paſſionément cette Ville, & comme ſi les affeƈtions de la vie les deuoyent ſuyure aprés la mort, ils y ordonnerent leur tombeau.   Ceux qui les auoyent precedés ſembloient les y ſemondre, & leur auoient marqué ce lieu.   On raconte qu'en l'annee MCLXXVI. Alfons fis & ſucceſſeur de REMOND

BERENGER II. pour accomplir la promeſſe qu'il luy auoit iurée de venger ſa mort, & de punir la rebellion de Nice, ne voulut point enſeuelir ſon corps iuſques à ce qu'elle fut remiſe en ſon obeïſſance, & qu'apres il en fit faire les funerailles dans ſa ville d'Aix, & porter la biere ſur le dos des rebelles dans l'Egliſe de Sainct Iean.

Reprenons noſtre BERENGER, il porte dans le tombeau le nom, & les armes de ſes Peres. Il eut quatre filles, miracles de leur âge, mariées à quatre puiſſants Monarques.

MARGVERITE à ce grand LOVYS dont la cendre & le nom ſeront venerez ſur nos Autels.

> *Tant que des Roys François le Sceptre ſera ferme,*
> *Et plus loin, ſi plus loin ſe peut borner vn terme.*   Du Perr

ELEONORE à HENRY III. Roy d'Angleterre.

SANCE à RICHARD frere de Henry, & Comte de Cornvval, qui fut apres éleu Empereur d'Alemaigne.

BEATRIX heritiere de Prouence, à Charles d'Anjou, frere de Sainct Lovys, qui fut apres auſſi couronné ROY de Sicile & de Naples.

Noſtre Prince fut éperdument épris de S. LOVYS, & en fut également aimé. La conformité d'humeurs auoit faict leurs affections. On vid en eux vne méme douceur, vne méme prudence, vne méme Iuſtice : & les mémes parties qui releuoient la gloire de l'vn, ont porté l'autre par deſſus tout ce qu'il y a de plus haut en la terre. Ie tay les effects de ſa valeur employée pour le S. Siege; & renuoye mon Lecteur aux Chroniques de Prouence, pour la ſuite & l'ordre de ſes aduentures.

Son trépas fut pleuré par nos Muſes, & marqué de noir l'an 1245. & le 29. de ſon regne.

SIRE, les rayons ſortans de voſtre Auguſte Majeſté font ſur la Statue qui le repreſente, ce que faict la clarté du Soleil ſur la bouche de celle du fis de l'Aurore : vous luy donnés la parolle, & les iuſtes rapports qu'il y a de vous à cet autre grand LOVYS voſtre Ayeul luy font dire,

---

EVGE, EN GENER MEVS
REDIVIVVS.

CHARLES II.

Carolus
I I.
D.G. Rex
Hierufalē
& Siciliæ.
Ducatus
Apuliæ
&Princi-
patus Ca-
pua Pro-
uincia ac
Forcal--
querij ac
Pedemō-
tis Comes.

ON dit que le nom de Miltiade éueilloit en furfaut Themiftocle, que celuy d'Achille tiroit des larmes des yeux du grand Alexandre, & que le nom d'Alexandre faifoit foufpirer Cæfar.

Le nom de Charlemaigne en la bouche de TERSIN, & le prompt mouuement de cette faillie que la ioye a tiré du cœur de BERENGER, ont émeu fi fortement l'efprit de noftre CHARLES, qu'il femble qu'il s'en vueille prendre à celuy dont les Arrefts forment les deftinées :

DVO E CAROLO MAGNO

LVDOVICI,

EX ME VNVS.

Il aduoüe au fainct object de fa Majefté, que Charlemaigne merite veritablement fur luy le tiltre qu'il porte de Grand , non tant pour l'honneur de fes armes , que pour auoir donné à la France ces deux grands LOVYS que BERENGER met en parallele ; où les Etats de Naples & de Sicile n'ont eu de luy que Sainct LOVYS Euefque de Tolofe.

Ce Prince deuziefme du nom fut fis & fucceffeur de Charles d'Anjou. Il époufa Marie fille vnique d'Eftienne Roy de Hongrie. Le Ciel benit ce mariage, & en fit naiftre 14. enfans, neuf mafles & cinq filles. Illuftre & belle Pofterité, qui luy moyenna l'alliance & l'appuy de grands Princes ; qui donna vne grande lumiere à l'Eglife ; Et de qui les diuerfes branches fe font étandues fur les thrones de diuers peuples.

SIRE, la Couronne qu'il vous donne n'eft point baignée du fang de Mainfroy, de Conradin , & de Frideric : elle eft faicte des mains de la Clemence & de la Magnanimité , Vertus dont voftre cœur eft le temple.

Vn Monaftere dans nos murs báti & doté par luy eft vn monument dreffé à fa pieté. Il voulut mourant à Naples, que fon corps y fuft porté , & nous le venerons en ce lieu, comme tuteur de noftre Ville, comme vaiffeau futur de la Diuinité , & vn hoftage qu'il nous a donné pour vindiquer fon interceffion enuers Dieu, auecq lequel il doit regner en l'Eternité.

1309.

G

Cette belle ſtructure du Temple de Sainct Maximin, trophée qu'il a éleué à la gloire de la Saincte Magdaleine, montre combien cette vertu fut chere aux Cieux, puis que parmy les tenebres ils luy enuoyerent la clarté, & la liberté dans les fers d'vne priſon, par les mains de cette Saincte.

Par ſes iuſtes ordonnances il affermit le repos de ſes états, & par le retranchement du nombre inutile de ſes Officiers, il rétablit la Iuſtice, & couppa la ſource des procés & de la chicane. Sa liberalité ramena l'excellence des arts: Mais ô mon R o y! toutes ces faueurs du Ciel ne ſont rien, auprés de celle qu'il poſſede aujourd'huy, de mettre ſa couronne aux piés du plus grand Roy du Monde.

QVATRIESME

ARC.

ROBERTVS
IOANNA
Muetz. scul. Aquis

GRAND Roy tous les coups glorieux de voftre efpée triomphante, tous ces trauaux fanglants, qui vous donnent fi auantageufement le tiltre de Foudre de la guerre, ne font qu'vn fonge & qu'vne ombre, fi quelque docte plume ne prend le foin d'en conferuer la memoire.

Ce petit Amour fur le haut de cet Arc femble prendre la hardieffe de vous en parler.

Il vous montre fon AMPHION, qui par la douceur de fa voix attire les bois & les animaux, faict détacher les pierres de leurs rochers, & fe ranger elles mémes pour luy dreffer vn temple. Il vous montre fa Couronne d'amaranthe, & vous faict voir fon immortalité.

SIRE obligés les Mufes à voftre loüange, tout ce que leurs mains touchent deuient beau. La courfe des Siecles pert tout ce qui naift fous le Soleil.

> *Par les Mufes feulement,*
> *L'homme eft exempt de la Parque.*
> *Et ce qui porte leur marque*
> *Demeure eternellement.*   Malh.

AMPHION

AV ROY.

OR fus, la porte eft clofe aux tempeftes ciuiles:
La Iuftice & la Paix ont les clefs de tes villes:
Efpere tout LOVYS, & ne doute de rien:
Si le Dieu que ie fers entend l'art de predire,
Iamais Siecle paffé n'a veu monter Empire,
Où le Siecle prefent verra monter le tien.

Les faicts de plus de marque & de plus de merite,
Que la vanité Grecque en fes fables recite,
Dans la gloire des tiens feront enfeuelis,
Ton camp boira le Gange auant qu'il fe repofe:
Et deffous diuers noms ce fera mefme chofe
Eftre Maiftre du Monde & Roy des Fleurs de Lis.

MALHERBE.

ROBERT.

*Robertus
D.G. Rex
Hierusalē
& Sicilia,
Ducatus
Apuliæ
& Princi-
patus Ca-
puæ, Pro-
uinciæ ac
Forcal-
querij ac
Pedemõ-
tis Comes,*

O QVE douce eſt la memoire qu'vn bon Prince laiſſe de ſoy, & que ſenſi-
blement nos ames en ſont touchées! Grand Roy la Statue de ROBERT
tireroit des larmes des yeux de cette Prouince, ſi l'objeƈt de voſtre Majeſté
adorable n'en tariſſoit aujourd'huy la ſource, & ne faiſoit épanouïr l'aiſe & la
ioye dans nos cœurs.

Mon Roy, quelle eſt la couronne que ce Prince met à vos piés? Tout ce que
le Ciel, la Nature, & l'Art peuuent aſſembler pour la perfeƈtion d'vn chef-
d'œuure, & faire voir vn miracle au Monde, ROBERT le fit admirer en ſoy.
Quelle Vertu, quelle qualité ne rendit ſa vie remarquable?

La Pieté, la Foy, la Iuſtice ſembloient auoir allumé ſon cœur, pour éblouïr
de ſa lumiere les yeux de tous les Roys de la terre.

Les plus doƈtes Eſprits trouuerent en luy vne profonde connoiſſance des
ſciences diuines & humaines.   L'vn d'eux atteſte d'auoir ouy de ſa bouche
cette voix immortelle.

*Que les lettres luy étoient plus douces & plus cheres que la Royauté, & que s'il falloit
perdre ou l'vn ou l'autre, il ſouffriroit pluſtoſt la perte de ſon Sceptre.*

Il ſe repentit ſouuent ſur le declin de ſon âge de n'auoir pas aſſés inuoqué
les fureurs d'Apollon.

Son zele enuers le Sainƈt Siege le fit creer Comte de la Romanie, & Vicaire
general de tout l'état de l'Egliſe.   Les Hoſpitaux, les Temples, les Monaſteres
qu'il a fondés portent vn rare témoignage de ſa Pieté.   Sa Iuſtice qui ne fut
iamais en vain reclamée remit dans nos Villes l'abondance & la ſeurté.

Nos peuples ſouſpiroyent ſous les oppreſſions tyranniques de ſes Officiers;
Il en receut la plainte à Naples: on vid à l'inſtant vne dépeche de lettres
patentes adreſſées à l'Eueſque de Byſiman & à l'Archiprétre de Beneuent ſes
Conſeillers, pour en venir informer, & ſur l'vſurpation encor des droits de la
Majeſté Royalle: nos Harpies auoyent bien oſé porter leurs griffes iuſques là.
La Liberté publique & la felicité eurent leur tour, ſon domaine fut recouuert,
les loix reprirent leur Empire, la concuſſion & la vollerie détronées & dépouïllées
de la poupre furent abandonnées à la vengence publique.

Sa Conſtance & ſa Prudence parurent eminemment en cet orage que l'enuie
& le deſeſpoir de HENRY VII. luy exciterent en haine de CLEMENT V.
Ce ſacrilege oſa le declarer atteint & conuaincu du crime de leze-Majeſté
Imperiale, & l'ayant condamné à auoir la teſte tranchée, fit fondre ſur le
Piedmont vne puiſſante armée. Ses deſſains furent bien toſt diſſipés par l'oppo-
ſition des forces du general Gambateſa & de Bartelemy du Puget ſon Lieutenant:
& peu aprés par les Comtes de Grauine & d'Ebule ſi fortement, qu'il ne rem-
porta de ſon entrepriſe que le repentir de l'auoir choqué.

Cette Conſtance fut veritablement inébranlable, en tous les accidents dont ſa
vie fut diuerſement agitée: Elle ſembla toutesfois rendre ſes derniers efforts à la
mort du Duc de Calabre ſon fis vnique, fis de ROBERT & de SANCE, c'eſt

à dire

à dire de la IVSTICE & de la PIETE'; ieune Prince éleué par S. Eleazar, l'espoir & l'appuy de l'Etat , & qui deuoit étre l'Hercule de cet Atlas lassé par la course des années.

On eut creu que les iustes sentiments d'vne perte si grande tireroient cet esprit de son assiete , & que ce coup étant inconsolable , son cœur ne deuoit plus qu'étre le butin de la douleur. Il fut veu toutesfois le iour méme , seant en son lit Royal, prononcer sur les differents de ses sujets, & faire ouyr l'oracle de ses iugements.

Et vrayment c'étoit la plus agreable offrande qu'il pouuoit donner ce iour là à ce grand Soleil de Iustice, qui retire ce qu'il nous a donné quand il luy plait, & qui veut souuerainement que nous vueïllions ce qu'il veut ; & aux ombres de son fis qui rendoit méme iustice aux animaux. *

Mais SIRE, toute perfection, toute autre vertu n'est que foible lumiere auprés de cette grande splendeur, dont les Cieux ont rendu vostre Majesté adorable, & vostre Empire éclatant pardessus toutes les couronnes du Monde : comme on dit que toutes les Vertus de la terre portent le nom de femmes , & le font en effect , en comparaison de cet être incređ & infiny d'où elles font deriuées, & du grand Archetype sur lequel elles sont formees. Ce bon Prince l'aduoüe luy-méme , & vous dit,

* Il disoit que la parfaicte iustice se doit méme aux bestes , & contraignit vn Gentilhomme de Naples de reprendre vn vieil Cheual qu'il auoit abandonné. Le discours en est gétil, voy les Histoires de Naples & de Sicile.

EGO IN LVCTV IVSTVS,

TV IN BELLO:

IN SVBIECTOS EGO PIVS,

TV IN REBELLES.

IEANNE I.

MERVEILLE que l'Innocence ait ſi peu de refuge ! que le Ciel ſemble inexorable pour elle, que l'artifice & la Calomnie treuuent tant de credulité, & que la Poſterité méme, à qui tous les Siecles donnent le tiltre de IVSTE, ait fauoriſé iuſqu'a ce iour, l'enuie, l'impoſture, l'oppreſſion, & le parricide.

Peuples nais dans la France, & vous ô terres étrangeres où mes écris iront, à peine auray-ie expoſé à voſtre veüe l'Image qu'vn peuple reconnoiſſant conſacre à cette grande Reyne, à peine y aurés vous leu le nom de IEANNE, que vous ferés voler deuant les yeux de voſtre penſée le funeſte drapeau * que la malice du Hongrois, traitre inuaſeur de Naples, faiſoit porter deuant ſon armée, pour émouuoir les cœurs de ſes ſujets, & les tirer à la rebellion.

O que de tableaux ſemblables dans voſtre imagination, Eſprits trop credules, où les pinceaux des paſſions d'vn Siecle inique ont couché leurs couleurs noires & ſanglantes, detrempées dans les pleurs de la Iuſtice vaincuë, de la Verité bannie, & de l'Innocence étouffée.

Allons doncq au diſcours, qui deuidant le fil de ſa vie, vous formera la vraye Idée d'vne grande Princeſſe, mais Princeſſe infortunée.

La mort du ieune Duc de Calabre fut bien toſt ſuiuie de celle de ROBERT. Les diuers ſoucis dont ſa vieilleſſe fut accueillie forcerent à la fin ſa conſtance, & le mirent dans le cercueil.

Sous les rudes épreintes de ſes douleurs, on oyoit ſouuent ces triſtes parolles de ſa bouche. *La Couronne de mon chef eſt cheute, malheur ſur vous, ô mon peuple, malheur ſur ma famille.*

IEANNE, MARIE, & MARGVERITE, filles de ſon fis, euſſent releué ſes eſperances ſi le Ciel luy eut donné plus d'années, ou s'il euſt auancé les leurs. Mais tels vous rouliés vos fuſeaux, imployables deſtinées.

IEANNE comme aiſnée des ſœurs, par la derniere volonté de ROBERT, releue de ſes ieunes mains cette Couronne, le 22. Feurier 1344. & en l'année 14. de ſon âge.

Les imperfections d'André de Hongrie monterent ſur le thróne auecq elle. Le ſoin de ROBERT, ou pluſtoſt le mauuais Demon qui ſe plaiſt à renuerſer les Etats, l'auoit ſoubmiſe, preſque dedans le bers, au joug cruel de ce mary.

La Beauté, la Pieté, la Iuſtice, la Bonté ſembloyent auoir conſpiré enſemble, pour rendre cette ieune Princeſſe l'ornement & l'exemple des Reynes, & la fortune contraire, qui auoit iuré ſa ruine au point malheureux de ſa natiuité, épandant par les mains de l'Enuie vn nuage ſur toutes ces rares qualités, la fit

l'exemple

l'exemple infortuné des plus miferables de fon fexe.

Ses peuples d'Italie ne refpiroient que par les mouuements de fon efprit: Ceux de cette Prouince comblés de fes faueurs ne iuroient que par fon Genie.

Cette belle Amazone purgea nos chams des Voleurs que l'impunité & les factions y auoient ramaffés : Elle y fit mourir les querelles & le difcord qui auoient pris racine fous les premiers Princes de fa maifon , & la feule prefence de fa Majefté fut le Neptune qui appaifa l'orage.   Son regne nous fit voir l'heur du Siecle innocent.   Le Ciel comme amoureux d'elle , plus beau & plus luifant , verfoit fes plus douces influances deffus nous, l'Air étoit fans nuage , & la Terre heureufement feconde produifoit toutes chofes en toutes faifons.

La Poefie, la Peinture, l'Aftronomie, la Medecine fembloyent auoir donné à fa Cour les Efprits qu'elles auoyent plus hautement infpirés , & fa Vertu y faifoit admirer tout ce qui peut donner de l'éclat à vn grand Empire.   Et toutesfois, ô bizarrerie ! ô injuftice du fort ! les Siecles n'ont point veu de Gouuernement plus decrié, ny de Vertu plus infortunée.

Ceux que la curiofité porte plus auant dans les fecrets des Empires, imputent le premier coup de fon malheur aux violentes paffions des miniftres de fon Etat, qui par leurs factions feditieufes éloignerent les grands du Royaume de la connoiffance des affaires ; Cependant qu'vn Moine & vne Lauandiere abufans des ieunes années de Ieanne & d'Andre', prenent en main le gouuernail de l'Etat, tantoft l'vn, tantoft l'autre, felon le vent de la faueur, & iettent le vaiffeau contre les rochers, où l'honneur & le falut des Princes ont accouftumé de faire naufrage.

Aprés la mort du Prince de Hongrie, la neceffité des affaires de fon Royaume la força iufques aux quatriémes Nopces.   On ne peut que les yeux baignés de larmes arrefter la veüe fur les actes pitoyables de la vie de cette miferable Princeffe, fous cet Andre', fous Lovys de Tarente, fous Iacqves d'Arragon, & fous Othon de Brunfvic.

Pauure Princeffe, le fcandale & l'abomination de toutes les Princeffes du monde, par l'enuie, l'auarice, l'ambition, & la cruauté de ceux de fa maifon, par l'ire & les fulminations de l'Eglife qu'vn Schifme auoit infortunément diuifee ; & par fa propre pieté, qui ne pouuant étre fufpendue parmy deux contraires partis , d'vn zele aueugle fauorifa le pire, & attira fur elle l'abominable parricide qui la iette dans le tombeau.

Charles de Duras 1382.

Mon Roy, voftre nom de Ivste ne fouffre point que vous en voiyez l'image, fans quelque trait d'indignation contre la dure cruauté du traitre affaffin de fa vie.   Si iamais voftre cœur fut touché de pitié pour vn objet miferable, plaignez à ce coup cette vertu que l'Impofture & la Calomnie pourfuiuent deux cens quarante deux ans apres fa mort.   Elle vous en conjure par le nom de Lovys., & par le fang François , dont elle fit gloire d'eftre iffuë, & à qui elle a transferé son Sceptre. SIRE, ce genereux soucy respire encor sous ses cendres étaintes, & luy faict dire par les pierres que nous auons transformées en elle,

ME VIRTVS ILLVSTREM,

OBSCVRAM FECIT

INIQVVM SECVLVM;

EN IVSTA POSTERITAS.

CINQVIESME ARC.

LVDOVICVS
IIᵉ
LVDOVICVS
III
Maretz. fc. Aquis
Paris
4
8

5

NOS cinq Amours se montrent encor sur le cinquiéme Arc : & c'ét icy qu'ils paroissent vrayment Amours : On en voit deux occupez à couurir de fleurs cette Majesté sacrée , les autres y debandent leurs arcs, dont les traits semblent vnir leurs trois pointes en vn seul point, & porter dans ses yeux & son cœur, leur coup ineuitable.

Petits Amours ce ne sont pas les traits du grand Pindare que les vostres : Ils sonneront sans doubte aux esprits moins entendus , & les raisons en sont si connues qu'il n'y faut point d'interprete.

Le Reuerend Pere Arsenie, Hermite de l'Ordre des Pacomites, & de la maison des Ferriers Sieurs de Sainéte Croix, attacha ces vers sur les Statues de LOVYS II. & de LOVYS III.

Puis que LOVYS *le lys des Roys*
Nous rauit à la tombe noire,
Ce ne nous est pas peu de gloire
Que noz Lys soient reduits à trois.

LOVYS II.

QV'ON me donne ces grandes espaces que Pindare * vouloit pour la loüange de ses Æacides, ie rencontre vn méme sujet, vn méme cham de gloire, & i'ay bien comme luy de la souplesse aux genoux.

LOVYS d'Anjou adopté par IEANNE, mourant en la poursuite du Royaume de Naples & de la Comté de Prouence , n'auoit laissé à son successeur que son nom, son espee, & son esperance.

Ce ieune Prince sous la Regence de MARIE de Bloys sa mere , prend de Clement VII. le titre de ses terres, entre auec vne puissante armee dans cette Prouince, où bien tost la Felonnie & la Rebellion ne semblerent auoir trauersé la fortune du pere, que pour suiure captiues le triomphe du fis.

En la 2. des Olymp.

Ludoui-cus II. D.G. Rex Hierusalẽ & Siciliæ, Ducatus Apuliæ & Principa-tusCapuæ, Dux An-degauiæ , Comita--tuumPro-uinciæ & Forcal-querÿ, Cenoma-niæ Pede-montis ac Ronciaci Comes.

* En la 5. des Nem.

La Couronne de Naples appelloit ce ieune Lyon à sa conqueste. Dvras ce vieux monstre son inuaseur, cet infame parricide de Ieanne & de Marie, appellé par Clement Enfant de Rebellion & d'iniquité, Duras le fleau de l'ire du Ciel, & le funeste flambeau de nos guerres ciuiles, ce vieux tyran s'y trouuoit si puissant, & auoit ietté tant de Viperes dans le sein de cette Prouince, que le seruice de ce ieune Prince n'y étant pas encor assés étably, son conseil ne pouuoit consentir à de nouuelles armes.   O sagesse! ô prouidence! ô iustice eternelle! que vos voyes sont inscrutables, & que vos faicts ont de merueilles.   Les nouuelles de la mort du Roy de Hongrie frappent les oreilles & le cœur de ce prodige affamé de Couronnes ; il court à vne nouuelle oppression, surprend la Reyne qui étoit toute dans les afflictions & les premieres larmes de son vefuage, & se couronne luy méme Roy de Hongrie.   Le Ciel ne permet pas à la fortune d'éleuer ces monstres, que pour les ietter du feste au precipice ; Il est tué, aux yeux de cette Reyne, & dedans sa chambre.   Ce fut venger le sang de deux grandes Princesses, & ne violer ce lieu sacré qu'a son exemple. Si l'ambition ne luy eut faict perdre le sens, il n'eust parlé à cette Reyne qu'a la façon qu'il comparut sur l'adjournement personnel decerné par le Pape, deuant les murs de Nocerre.

Cette mort offre à Lovys le Royaume de Naples : son aduenture y est longue, suiuons plustost le fil de l'Histoire de cette Prouince, où vn autre prodige impose vn nouueau labeur à nostre ieune Alcide.

Remond de Tvrene fis de Guillaume Roger Comte de Beaufort, Vicomte de Valernes allume ces premiers & cruels feux, qu'il porta depuis par tous les lieux de la Prouince comme vn dernier embrazement, & qui en eussent faict à la fin vne solitude, si les eaux du Rhosne ne les eussent combatus.

En l'annee 1390. ce furieux deserteur faict fondre sur le Pays vne armee, où tous les voleurs du monde assemblez comme au cry de la Renommee, trouuerent en luy vn Capitaine qui les tint dans leur element, la liberté de tout faire y est permise, les sortileges, le poison, la fausse monoye, & tout ce que les gens de bien appellent crime, merite recompense aupres de luy.   Ce torrent impetueux ayant rauagé toute la campaigne, se iette dans les places fortes, met à sac, met en poudre tout ce qui ne peut étre gardé, ou qui l'irrite ; rien que meurtre, sacrileges, violemens ; & la raison qu'il donne pour couleur à ce forcenement, c'est qu'il poursuit le droit que Ieanne auoit donné au Vicomte son pere.

Les miseres qui affligerent cette desolee Prouince sous cet inuaseur, & sous Eleonore sa mere, sont au dessus de toute imagination.   Les ruines de cent Chasteaux, de cent Bourgs abbatus, & les pitoyables restes des Villes que cette fureur faict cercher dessous les herbes, en portent vn miserable temoignage, & font assez voir aux siecles quelle fut la tempeste qui les foudroya.

Ie diray sans vanité, que les forces de nostre Ville furent l'Espee & le Bouclier de Lovys, & que pour resister à vne si grande puissance, il ne faloit pas vne moindre valeur.

Mon

MOn ROY, ce furieux ennemy du Ciel & de la terre, mais bien ce monftre cruel que l'ire du Ciel auoit armé contre nous, ce feu deuorant allumé par les fureurs d'Enfer ,   Ce tyran abominable que les loix diuines auoient fi fouuent battu des foudres de l'Eglife , à laquelle pour fon dernier chef-d'œuure il fit honteufement achepter fa paix,   Ce deferteur, ce rebelle que les loix humaines auoient condamné à la peine du crime de leze-Majefté, pourfuiuy de l'ire de Dieu, abandonné de la Fortune honteufe de fauorifer l'horreur de fes crimes, fuyant la Iuftice & l'indignation de fon Prince, s'élance dans vn bateau fur le Rhofne contre les Rochers de Tarafcon , où la Iuftice du Ciel luy faict faire naufrage. *   Ainfi grand ROY periffent vos ennemis les ennemis de Dieu, ces Efprits forcenés, ces rebelles, ces boute-feux de voftre Etat qui vous font blanchir les cheueux fous le harnois en vos ieunes annees ; que nul lieu ne les couure, non pas méme les maifons des Roys ; que tous les Elements en conjurent la ruine.   Et vous , ô Mers, authorifez les vœus de ce Prince, éleués vos flots, degagez vous de la promeffe qu'il faict pour vous à mon Roy,

PVGNAVIT PRO ME

RHODANVS,

PRO TE, IN HOSTES DEI,

NVM TOTVS OCEANVS?

* 1599.

Louys laiffe le monde & fes Etats en paix 1417.

VN Efprit excellent de la Prouince , & de qui tous les mouuements vont paffionement au feruice du Roy, a tourné ces dernieres parolles en Prophetie.

Les vœux (dit-il) de ce Prince vienent d'eftre exaucez en la bataille Nauale que Monfeigneur le Duc de Guyfe a donnee contre les Rochelois, par la glorieufe victoire qu'il en a raportee.   Le Roy en a eu la nouuelle en la Prouince de fon Gouuernement , & ce qui eft dauantage à remarquer, dans la ville de Marfeille, où l'armement deftiné à cet effect auoit efté dreffé, Ville que mondit Seigneur reprint miraculeufement à fon arriuee fur le point que la perfidie la vendit à l'Efpagnol , du falut de laquelle dependoit celuy de toute la Prouince, & d'vne bonne partie du refte de l'Eftat.

Cette glorieufe entreprinfe qui mit toute l'Europe en admiration, & la France en feux & en larmes de joye, fembloit deuoir couurir la gloire de tout ce que ce jeune Prince pouuoit deflors efperer de faire, mais comme fon courage & fa valeur ont depuis plufieurs fois

La veille S. Simon le 27 Octobre 1622.

temoigné, qu'ils n'ont autres bornes que celles de sa volonté, qui n'aspire qu'aux choses qui sembient impossibles, il a prins cette occasion pour seruir le Roy, se faire connoistre & redouter à la Mer comme à la Terre, faire voir que par tout il est inuincible & inimitable, rendre à l'Eglise & à l'Estat le plus important seruice qui leur peut iamais estre faict, & renger à l'obeïssance de sa Majesté les Peuples qu'vne infame rebellion en auoit debauchez.

Ce fut à ces fins qu'au pris de mille & mille hazars, il se resolut de la combatre en telle sorte, que malgre les vents & la mer & la force inegalle des ennemis, il la reduisit à crier misericorde, recõnoistre sa faute, & son vainqueur, qu'elle aduoüa estre aussi doux en la victoire que redoutable au combat.

On ne sçauroit representer la joye que sa Majesté receut au recit de cette nouuelle : l'Histoire du Siecle en racontera les particularitez, & bien que cette grande action ne puisse iamais estre leüe qu'auec estonnement, elle ne satisfaict pas pourtant le courage de ce Prince, mais l'inuite à de plus grands exploits.

Sa Valeur & sa Prudence y ont leur bonne part, mais son zele & sa Pieté en ont la meilleure.

Que pouuiés vous faire de moins (Grand Duc) n'ayant eu autre respect que celuy de la gloire de Dieu, de l'honneur de vostre Religion, & du seruice de vostre Roy ? & que pouuoit sa Majesté moins attendre d'vn tel Prince qui ne respira iamais que son seruice, & auquel les plus releuées actions sont les plus communes ? Prince qui dès son enfance s'est tousiours si genereusement porté dans toute sorte de perils & de hazars, que sa seule presence, ou son nom, sont le courage des siens, & la terreur des ennemis.

Les diuerses occasions que sa bonne fortune a offertes à son courage, le temoignent toutes assez, & la Prouence sçait b en qu'en dire, puis que par sa seule prudence & sa fidelité, il l'a cent fois preseruee des orages, dans lesquels presque toutes les autres Prouinces se sont perduës, & qu'à l'exemple de ce Prince, elle a tousiours vescu dans l'amour & l'obeïssance qu'elle doit à son Roy.

L O V Y S III.

Ludouicus III. Rex Hierusalem & Sicilia, Dux Andegauia, Comitatuumque Prouincia, & Forcalquerij Cenomania ac Pedemontis Comes.

VILLE DES EAVX SEXTIENES, ô ma terre, mere genereuse des Soldats genereux, qu'on void naistre dans tes chams auec la pique & l'espee, comme si Cadmus autrefois y auoit passé le soc, & caché dans tes seillons sa semence guerriere.   A I X, ma chere patrie, combien d'ames valeureuses ont porté dans le Ciel ta gloire, dont les noms & les faicts gisent dedans l'oubly par la barbarie & l'injure des âges ?

I E A N N E deuziéme du nom Reyne de Sicile & de Naples, auoit reuoqué l'adoption d'Alphonse Roy d'Arragon en faueur de L O V Y S III.   L O V Y S en faueur de I E A N N E & de son adoption nouuelle, auoit chassé Alphonse de la terre de Naples.   Quand cet Arragonois qui portoit dans le cœur vn vlcere

immortel

immortel de haine contre le sang d'Anjou, atteint mortellement de ce coup, allumé d'ire & de vengeance manie traitreusement la perfide lacheté de quelques habitans de Marseille, single dans nos Mers, assaut & surprend cette puissante Ville, coupe la chaisne du Port, saluë la terre étrangere par l'embrazement des premieres maisons qu'il y trouue, & tout ce à quoy le feu pardonne est mis à sac, & nage dedans le sang.

Au bruit des horreurs de ce spectacle funeste, nostre peuple armé sous la conduite de BOVLLIERS Vicomte de Reillane, accourt aux murs de Marseille; & comme foudre échapé de la nuë, met en ruine tout ce qui s'oppose à sa valeur. Alphonse qui se trouue accueilly de cet orage, iuge que la resistance y seroit temerité, & croyant la fuite sans honte, donne la voisle au vent, chargé de la depouïlle de sa conqueste, de la chaisne du Port, & de l'adorable relique de S. LOVYS Euesque de Tolose.

On raconte qu'a la furieuse rencontre de ces deux armées, nos troupes se meslerent si auant parmy les Arragonoises, qu'elles s'y trouuerent en desordre, & que la retraicte fut perilleuse. En voicy la cause. I'ay dict que nous tenons le blason de nos premieres Armes d'vn Prince de la maison d'Arragon. Ces deux armees choquerent sous mémes drapeaux; & cette conformité y apporta vne confusion si grande, que les soldats eurent de la peine à s'entre-cognoistre, ne sçachants plus sous quel chef ils auoient combattu.

Il n'est rien de si doux apres la Victoire que la loüange. La Vertu qui n'est point recognue flétrit dans la tristesse & le dépit, & bien que la plus grande satisfaction des ames genereuses soit en la gloire de leurs actions, & qu'elles y trouuent la recompense qui leur est plus chere; c'est sans doute que le mépris les afflige, les rebutte, & détruit le seruice du Prince.

O que belle deuoit estre l'impression que cette verité auoit faicte dans le cœur de nostre LOVYS, quand tout enflammé de l'amour de ce Peuple, il semble étre en peine à chercher des parolles pour exprimer dignement les seruices qu'il a receus; qu'il se veut souuenir de ceux qu'on a rendus à ses Peres; & quand il en veut rendre la memoire immortelle dans des lettres Patentes, comme dans vn Edict d'eternelle authorité.

LVDOVICVS III. Dei gratia Rex Hierusalem & Siciliæ, Dux Andegauiæ, Comitatuumque Prouinciæ, & Forcalquerij, Cenomaniæ, ac Pedemontis Comes, vniuersis & singulis præsentes literas inspecturis, tam præsentibus quam futuris; Regalibus solijs præsidentes rerum omnium Creatoris inuitantur exemplo, vt merita subditorum fidelium condigna remuneratione compensent, sic quòd vbi meritorum cumulus noscitur abundare, per beneficiorum collationem, retributionis amplioris gratia pretiosior subsequatur, excellentiamque seruitij amplitudo beneficij manifestet, vt in eo dignè merentium deuotionis synceritas, munificentiaque luculentius appareat conferentis. Ad Vniuersitatis igitur ciuium nostræ Ciuitatis Aquensis fidelem zelum, qui temporibus continuis erga nostrum nostrorumque Diuorum Progenitorum statum patenter emicuit, grandiaque & immensa seruitia per eam retroactis temporibus nobis nostrisque Diuis Prædecessoribus impensa, pro quibus eamdem Vniuersitatem singularibus donis & gratijs arbitramur prosequendam. Pro cuius parte nobis fuit humiliter supplicatum, vt cùm Vniuersitas ipsa ex concessione recolendæ memoriæ BERENGARII olim Prouinciæ Comitis, qui ex Marchionibus Cathaloniæ suam traxit originem, pro suis armis & insignijs tam in scutis quam vexillis dictæ Ciuitatis deferre sit solita, & deferat de præsenti arma seu insignia Marchionum Cathaloniæ, quæ listata seu iuxta galitium vulgare palata de auro & guellis esse noscuntur. Contigitque postquam Alfonsus de Castilla Regni Aragonum occupator indebitus & violentus in tam sæuam prorupit audaciam, quòd dicta Regni Aragonum materni atque nostri occupatione non contentus, nos in hoc Siciliæ Regno tentauit impugnare, ac in eo non valens proficere, ad propria rediens, Ciuitatem nostram Massiliæ nullo iusto titulo nulláque rationabili causa præcedente hostiliter tunc inuasit, ipsamque improuisam & eius ædificia ignis incendio consumpsit. Ad cuius succursum cum præfati Ciues Aquenses in apparatu potenti & numero copioso concurrerent, & sub Capitaneo per eamdem vniuersitatem ordinato cum eorum vexillis incederent, repererunt se paria cum hostilibus vexilla deferre ; hocque molestè tulerint atque ferant, dissonumque reputent à communi ratione, nos ad animorum suorum contentationem, qui pro debito fidelitatis à Cathalanorum perfidia, re, factis, verbisque dissonare se manifestare cupiunt, de speciali gratia concedere, vt in armis præfatis seu intersignijs, caput vnum, seu armorum ipsorum superiorem partem, ex armis nostris regalibus deferre perpetuò valeant benignius dignaremur. Nos mentis dirigentes intuitum, attendentesque dilectionis feruorem, quo nostris personæ & statui afficiuntur internè, ex eoque nec non & odio capitali quo præfatum Alfonsium hostem nostrum perfidum persequuntur, eorum petitionem procedere, ac propterea volentes ad rei perpetuam memoriam ipsam Vniuersitatem singulari priuilegio decorare, eidem Vniuersitati apud nos maiora promerenti de certa nostra scientia, & cum nostri Consilij deliberatione, vt sibi liceat ex nunc in antea in summitate scuti armorum prædictorum ab antiquo per eam deferri solitorum & aliâ vbicumque arma ipsa depingi seu sculpta fore contigerit, caput vnum ex nostris armis & insignijs regalibus Regnorum Hierusalem [1]. & Siciliæ, [2]. ac Ducatus Andegauiæ, [3]. prout ea deferimus compositum, nec non in vexillis, sculpturis, vbique & in eorum actibus & solemnitatibus quibuscumque possint & valeant impunè deferre, pro dono singulari ac signo paternæ dilectionis, qua ciues ipsos suis meritis exigentibus & seruitijs prosequimur, concedimus potestatem, facultatem, authoritatem, ac priuilegium singulare. Mandantes propterea magnifico militi Petro Domino de Bellaualle, Patriæ nostræ Prouinciæ Gubernatori, cæterisque Loca-tenentibus, Senescallis, Gubernatoribus, & Officialibus majoribus & minoribus, præsentibus & futuris cuilibet & Locatenentibus eorumdem quatenus forma nostræ præsentis concessionis & gratiæ attenta diligenter illam in omnibus obseruent, & à subditis nostris obseruari faciant quibuscumque, præfatamque Vniuersitatem eadem concessione & gratia gaudere permittant inconcussè, neque impedimenta in contrarium sibi seu disturbia afferri vel apponi sinant, aut quomodolibet patiantur, quinimo apposita si qua fuerint tollant & auferant, audentesque in oppositum nostra authoritate animaduersione condigna arceant, quantúm gratiam nostram charam habent, & sibi cupiunt conseruare, has nostras literas sub nostro majori sigillo, nostræque propriæ manus subscriptione expeditas, eidem Vniuersitati in fidem & testimonium præmissorum concedentes. Datum in Ciuitate nostra Cusentiæ per manus nostri Ludouici Regis prædicti, die decima mensis Martij nonæ indictionis, anno Domini millesimo quadringentesimo tricesimo primo, regnorum vero nostrorum anno decimo quarto. Per Regem in suo Consilio Domino Gubernatore Prouinciæ cum alijs pluribus præsentibus   PERRIGAVT.

1.
D'argent a vne Croix potécée d'or accôpagnée de quatre Croix de memes.

2.
D'azur semé de fleurs de lys d'or à vn lambeau de Gueulles.

3.
D'azur semé de fleurs de lys d'or bordé de gueulles.

On a toutesfois écrit que nostre Ville ne prit en ce temps que les lys d'Anjou.

O Rare & glorieux témoignage d'vn Prince recognoiſſant ! digne prix d'vn Peuple guerrier ! Belles & Royales parolles, à quel haut point releuez vous la gloire de nos ſeruices, & le merite de nos actions. Puiſſiez vous, ô genereuſes parolles, être portees aux yeux des âges renaiſſans, grauees ſur le Cedre, le Thil, l'Iuoire, & le Marbre, & qu'on vous y puiſſe lire iuſqu'a ce que le feu conſume l'Vniuers.

Qui ne ſçait point que la Iuſtice du Ciel méme, ne conſiſte pas moins en la recompenſe, qu'en la peine ? Il auoit deja reprimé l'auarice de ſes Officiers, qui épreignoyent la ſueur & le ſang du pauure Peuple, par l'établiſſement du GRAND CONSEIL en noſtre Ville, qu'il appella CONSEIL EMINENT. * Icy tous appels étoyent vuidés ſans reſſource : & l'authorité de ces nouueaux Magiſtrats, étenduë auſſi loin que la puiſſance Royale, iettoit la peur dans tous les coins de la Prouince.

*Barthelemy de Renaud, preſidoit en cette Compagnie Souueraine, deſcendu (côme on a remarqué) de certe ancienne famille ſi fameuſe en Prelats, appellés Cherubins de l'Egliſe Militante.

Il voulut encor laiſſer aux Siecles ce glorieux témoignage de recognoiſſance.

Parmy les douceurs de ſon regne & de nos felicitez, les Deſtins ô rigueur ! l'enleuerent par vne fieure chaude, l'an 1434. Vertu de memoire immortelle, Prince dont le beau nom, qu'on dit étre né parmy les roſes & les lys, volera par la bouche des hommes, tant que le Soleil reglera par ſes mouuements les années & les ſaiſous, & que ſa lumiere fera le iour au Monde.

Mon ROY, l'eſpoir & la gloire de ce grand Empire, LOVYS le dernier mais le plus digne ornement de l'Hiſtoire, vous ô mon ieune Roy, à qui les voix de tant d'oracles promettent les Couronnes du Leuant, du Couchant, de l'Auſtre, & d'Aquilon, ce vieux Prince vous montre cette terre, & cette Ville, comme le cham ou Mars reſerue vne foreſt de piques, vn Arſenal d'eſpées * fatales pour vos conqueſtes. Et bien qu'aujourd'huy ſes plus hautes penſées s'humilient deuant vous, ô grand ROY, il nous oſe encor nommer ſon Peuple, & nos cœurs ſes Lys, qui fleuriſſent à vous.

* Auſſi ſa Majeſté en écháge nous laiſſa le BAVDRIER de ſon SACRE, pour étre gardé dans le Cabinet du Sieur B. Borrilly Secretaire ordinaire de ſa Chambre.

Les lys de nos armes font aſſés entendre la pointe de cette inſcription.

LILIORVM REX LVDOVICE,

FLORENT TIBI LILIA

COMITIS LVDOVICI.

SA Majesté vid cet Arc éleué auprés de l'Hostel de Ville, dessous la Tour de la grande Horologe.　Elle alla descendre apres à l'Eglise de Sainct Sauueur, où elle étoit attendue par cet Illustre ARCHEVESQVE,

> Surgeon de ces HVRAVLX, de ces preux Cheualiers,
> Qui depuis trois cens ans ont quitté la Bretagne,
> Et remply de Soleils la Gauloise Campagne.

Illustre vrayment, & qui compte dix-sept Euesques ou Abbés de sa maison, tous grands hommes, & sept Chanceliers de diuers Princes.

On sçait assés l'ordre & les Ceremonies qui sont obseruées en ces lieux sacrés aux receptions des Roys.　Aussi t'ay-ie tout l'appareil qui fut ordonné dans cette grande Eglise par son venerable CHAPITRE.

Parmy les Hymnes & les prieres, les doux concerts des voix & des instruments, sa Majesté fut saluée auecq ces Stances, tirées des SECONDES PENSEES DE LA ▬ MVSE de fú LOVYS de GALLAVP,

Afferte Domino filij Dei.

Pf. 28. Hebr. 29.

> VENEZ ô Roys, & vous Guerriers,
> Ieunes branches des vieux lauriers,
> Portes vos armes étoffées,
> Portes & voües au Seigneur
> Et vostre gloire, & vostre bonneur,
> Vos couronnes, & vos trophées.
>
> Ieunes Dieux en gloire immortels,
> Portés vos vœux sur ses Autels,
> Vostre cœur luy soit tributaire.
> Vostre nom viura fleurissant,
> Prester homage au tout puissant
> C'est luire dans le Sanctuaire.
>
> Sa voix cindre les ronds arceaux
> Du cristal des celestes eaux,
> Tance l'Air, & l'Air émeu tonne.
> Le vent s'abysme dans la Mer,
> Et si haut la faict écumer,
> Que son flot l'Vniuers étonne.

Voix de Puiſſance & de Vertu,
Par qui le Cedre eſt abbatu,
Le Liban tiré de ſes bornes;
Liban qui void ſes vieux coupeaux
Bondir comme ieunes Taureaux,
Bondir comme ieunes Licornes.

Voix d'horreur, de ſoulphre, & d'eſcler,
Qui faict flamber, bruſler, trembler
Les Monts, & les Vaux, & les Plaines;
Qui faict les Biches faonner,
Fend les Bois, & haut faict ſonner
De Sion les voultes hautaines.

Monté ſur l'eſchine du flot
Le Seigneur enclot & deſclot
La Foudre, le Vent, & l'Orage:
Son Empire dure à iamais;
Qu'il m'exauce, & i'auray la paix,
Et mes haineux feront naufrage.

Gloria Patri &c.

Au Dieu des Roys honneur diuin,
Ainſi que ſon regne eſt ſans fin.

L

SIXIESME

ARC.

RENATVS
CAROLVS
III
Maretz sculp
Paris

6

ETTE autre Machine porte mon Alexandre, mon Prince victorieux, haut, bien haut dedans la nuë, monté sur son Bucephale. Tous les Cieux en sont en peine : Les Dieux craignent la venuë d'vn autre Mars, les Astres d'vn autre Orion.

Deux petits monts de trophées s'éleuent à ses costés, & sur l'vn d'eux le fer du baston d'vn étendart porte vn rouleau, auecq ces mots tirés du 6. de l'Iliade,

ΠΑΤΡΟΣ Δ'Ο ΓΕ ΠΟΛΛΟΝ ΑΜΕΙΝΩΝ.

Ce genereux fis de Priam, dont le seul bouclier peut bien faire durer vn siege dix annees, Hector l'espée de Troye & la peur du vaillant Achille, armé dedans Homere pour la defense de sa terre, & de ses Dieux assiegez, se trouue arresté par la rencontre & les embrassements de son Andromache. Les larmes que l'amour & la crainte font verser à cette chaste Princesse portent veritablement l'aprehension dans ce courage inuincible, mais l'object du petit Scamandre son fis l'atteint si sensiblement, qu'il semble que l'audace ait abandonné son cœur & ses yeux pour faire place à la pitié. Il le veut serrer dans ses bras; l'horreur qui semble peinte sur son visage guerrier, l'éclat de son casque d'airain, & ces grands pannaches qu'vne queuë de Cheual y forme, font cacher ce pauure enfant tout en pleurs dans le sein de sa Nourrice. Les mouuements de l'affection paternelle luy font mettre le casque bas: Il le prend, le baise, & l'éleuant en haut, il enuoye aux Cieux cette priere.

Grand Maistre des foudres, & vous tous ô Dieux, Arbitres, comme luy, de la fortune des mortels, si ma valeur vous touche, & les destins de ma vie en si peu d'espace enfermée, étandés, sinon mes ans, au moins ma gloire par les genereuses actions de mon fis. Mettés en ses ieunes mains l'antique sceptre de sa race. Rendez par sa valeur son Empire fleurissant. Qu'il ne reuienne iamais des combats que chargé de la dépouïlle sanglante de son ennemy vaincu : & que celuy qui le verra de la sorte, s'écrie

ΠΑΤΡΟΣ Δ'Ο ΓΕ ΠΟΛΛΟΝ ΑΜΕΙΝΩΝ.

GRAND FIS DV GRAND HENRY, LOVYS digne neueu du genereux Hector, à ce iour que la ioye faict parler les pierres méme, & leur donne des ames de Princes, à cet auguste iour que le Ciel vous montre aux yeux de vos peuples, tout chargé de Lauriers, tout rayonnant de gloire, & tout tel que ce valeureux Prince coniuroit les Dieux de ramener son fis des combats, quelle voix peut mieux répondre à la Majesté de vos triomphes, que celle du diuin Homere? & comment pourroit-il ne s'écrier pas, s'il voyoit à cet heureux iour le grand fis du grand HENRY, le digne neueu du genereux Hector,

ΠΑΤΡΟΣ Δ'Ο ΓΕ ΠΟΛΛΟΝ ΑΜΕΙΝΩΝ.

Toutes les parties de cette inscription se rapportent à celles de
l'inscription du grand Arc.

CLEMENTIÆ, CVI
MITES PROCELLÆ,

SAPIENTIÆ, QVAE
ASTRA SVPERAT,
ANGELOS ÆMVLATVR.
DEVM POSSIDET,

MAGNANIMITATI,
QVÆ SEIPSAM VINCIT,

LVDOVICO XIII.

S IR E,

Les vertus & les graces que vous aués receuës de Dieu ont faict le commencement de cet ouurage ; ie l'ay confacré à voftre IVSTICE, à voftre PIETE´, à voftre PVISSANCE   Il faut aller à fa fin par vos Vertus.   Et que pourroy-ie mieux en cette occafion où voftre IVSTICE a commencé vos armes, pour qui l'Air & les chofes mémes infenfibles ont combattu, & voftre CLEMENCE les a terminées, deuant laquelle les tempeftes font calmes?

Voftre PIETE´ a flechy les Cieux.   Si l'on appelle Cieux cette fupreme region que nous voyons, cette voute étoillée; il femble que Dieu la flechiffe à vous, lors qu'il dirige tous fes mouuements à voftre fortune, & faict accorder cette variété de rayons pour ne confpirer qu'a vos profperitez.

Si l'on entend par les Cieux cette beauté des efpeces immuables & eternelles, dont Dieu a orné tout fon monde intellectuel; n'abbaiffe-il pas fes Anges à vous, lors qu'il les enuoye pour étre vos guides , lors qu'il les met à voftre dextre pour dreffer vos mouuements & vos actions , & qu'il les loge à l'entour de vous ainfi que des armées, pour vous feruir de remparts?

Si l'on appelle Cieux cet Infiny, cette hauteur incomprehenfible de la Diuinité; Dieu méme s'encline iufques à vous, lors qu'il vous donne fa grace; il fléchit à vous fon cœur, lors qu'il agrée vos actions; il tend à vous fes oreilles, lors qu'il reçoit vos prieres ; il iette deuant vos pas les rayons de fes yeux, lors qu'il vous conduit par fa PROVIDENCE.

Voftre PIETE´, grand Roy, attirant fur vous les faueurs Diuines, a vrayment abbaiffé les Cieux; mais la SAGESSE qui eft la loy & la regle de tous les actes de pieté, rapportant & éleuant iufques aux Cieux, la grace que vous en auez receuë, éleue auffi voftre ame pardeffus les arrefts & la force des ASTRES, la rend femblable aux ANGES, l'vnit à DIEV.

Par la PVISSANCE qui vous a été donnée d'enhaut, vous aués dompté ces Monftres de rebellion ; vous auez vaincu vos ennemis.   Par cette VERTV, cette action vrayment MAGNANIME de leur pardonner, vous vous étes vaincu vous méme.   Celle là mettant fous vos piés vne puiffance des tenebres, a faict gemir fous voftre ioug les Enfers ; Mais cette-cy vous portant pardeffus vous méme, vous a faict approcher de la Diuinité.

Vn grand nombre d'autres Vertus font en vous , ô grand Roy , dont l'éclat éblouït mes fens, & le nombre eft incomprehenfible à ma penfée.   Et ne pouuant les apporter toutes feparément, i'ay dit tout en vn mot à LOVYS XIII.

M

RENE'.

I'ELEVE cette Statue à la BONTE' de RENE', & la confacre à la IVSTICE de LOVYS.

Iumelles Sœurs, ô BONTE', ô IVSTICE, combien haut éleués vous les ames, & que toutes les autres Vertus font baffes aupres de vous. L'vne de vous étend fur elles fes rayons & les leur communique, & l'autre en eft la mefure & la regle. Ainfi Dieu par la Bonté donne l'étre à toutes chofes, & par la Iuftice les regle, & les éleue à la fin pour laquelle il le leur a donné.

Mais bas ma plume, où volons nous? à terre ma plume, & ne fortons pas loin de noftre aire.

RENE' par la derniere voix de fon frere mourant, eft declaré fon fucceffeur. C'eft fuiure la volonté de Ieanne II. de Martin V. & répondre au defir de cette Prouince, & du Royaume de Naples. Ce nouueau Roy prifonnier du Comte de Vaudemont, penfoit en cette faifon à toute autre chofe qu'a vn fceptre: croyant d'étre abandonné du Ciel & de la terre, il commettoit à fon pinceau l'expreffion de la caufe de fon ennuy.

Sur l'aduis du changement de fa Fortune, ISABEAV DE LORRAINE entre dans la Prouence, en qualité de Lieutenante generale du Roy fon mary, d'icy fous la faueur du Duc de Milan, elle tire droit au Royaume de Naples, où pour fon premier coup d'effay, elle prend Gaete aux yeux d'Alphonfe Roy d'Arragon. Belle & genereufe Princeffe, fi l'Afie & l'Affrique euffent eu de femblables Amazones, les Reynes y feroyent encor affifes fur les thrones des Roys.

L'autheur de noftre Hiftoire dit *que pendant la prifon de René, les gens de fon Confeil & de fa Cour feante à Aix, écriuirent au Roy tres-Chreftien d'auoir fes affaires en particuliere affection, comme étant Prince de fon fang, & de recommander le faict du Royaume de Naples aux Ambaffadeurs que la Sainéteté d'Eugene auoit enuoyés par deuers fa Majefté, fuiuant les memoires qui luy en feroyent prefentés.*

Cependant Alphonfe dont l'efprit eft dans Gaete, & tout fur le vieux droit de fon adoption, s'aduife que les Nauires chargés des marchandifes de Gennes, qui étoyent au Port de Gaete, feroient vne proye qui fourniroit bien à la dépence de fes armes.

Ceux de Gennes qui étoyent dans vn contraire foucy, enuoyent vne armée pour s'oppofer à la violence. Alphonfe n'eftoit pas loin de l'effect de fon deffein, quand la Fortune qui fe iouë de fon entreprife, luy faict rencontrer cette flotte, qui le combat fi puiffamment qu'il en eft pris & emmené auec fes freres au Duc de Milan.

Ifabeau qui porte vn cœur LORRAIN dans le corps d'vne Reyne, facrifie à l'occafion qui luy prefente l'établiffement de fa puiffance. Les perfuafions d'Alphonfe le tirent à la fin de la prifon. René en eft tiré par le mariage d'Yoland fa fille auecq Ferry de Lorraine fis du Comte de Vaudemont; & la terre de Naples eft faicte le theatre funefte, ou durant fix ans, le plus genereux fang de Prouence, de Sicile, & d'Arragon eft infortunément épandu.

L'Empire

L'Empire de René & d'Isabeau n'atteignit point la septiéme année, & le mauuais sort du Royaume qui les perdit fut le bon-heur de nostre Prouince.

Heureux iour, qui vis allumer dans nos cœurs les premiers feux de nostre ioye, pour l'heureuse arriuée de leurs Majestés dans nos murs, tu vis venir auecq elles la felicité du Siecle.

Les Destins du Prince choisirent sa demeure icy. Cette bonté vrayment Royale, & dont les effects ne pouuoient nullement être suspendus, épandit à l'instant ses faueurs par tous les membres de son Etat, mais elle cogneut Qv'Aix, en étoit le Chef.

Les rais du iour naissant n'ouurent pas si doucement le sein des fleurs, comme les premiers aspects de cet Astre bien faisant firent épanoüir de douces affections en nos ames. Astre vrayment, mais Soleil, qui ne sembloit auoir des rayons que pour luire à son peuple.

Il n'y auoit famille dans la Prouince dont le nom luy fut incognu: Il en sçauoit la condition, les inclinations, les facultés. On le croyoit cet Apollon qui sçauoit le nombre des fueilles des Arbres, celuy de l'arene, & la mesure de la Mer. Le merite & la vertu ne croupissoient pas languissantes dessous luy, car pour les éleuer il leur donna des aisles. Il pouruoyoit aux necessitez publiques, & soulageoit les miseres priuées. Contant de son Domaine, il exigeoit la taille selon les bonnes ou mauuaises saisons, & la remettroit souuent. Sainct Maximin montre vn grand Ouuroir dressé par ce Prince aux mestiers des Muses. Ses bátiments superbes font éclater en diuers lieux la grandeur Royale. Il vouloit que sa Magnificence parut méme en ses iardins, ses parterres, ses grandes volieres, & ses parcs. Sa mauuaise fortune auoit mis son espee au fourreau ; Il auoit toutéfois le courage tousiour armé: & pource qu'il y a en la chasse vne image de guerre, il la faisoit aux animaux. Et vrayment c'est tout le plaisir que peut auoir vne ame guerriere, & l'exercice d'vn cœur qui veut viure dans la saincte pureté de l'innocence. Comme ses Etats ne sçauoient que c'étoit que diuision ou discord, il ne sçauoit aussi que c'étoit que vengeance ou colere. Ses Ordonnances font voir qu'il n'en vouloit qu'aux vices, & pardessus tous aux blaphemes. La Chicane fuyoit deuant sa Iustice, il la rendoit armé & à cheual, & disoit que les longues expeditions font mourir l'affection des peuples.

Il ayma les sciences comme la lumiere, ou plustost le cinquiéme element de la vie, mais la Poësie étoit la plus reuerée chez luy. Parmy les Arts il cherissoit passionnément la Musique & la Peinture. Nous auons des pieces de sa façon & de son pinceau en diuers lieux & dans nos temples, où sa memoire vit à l'Eternité.

On auoit remarqué en sa vie vne fermeté que nul accident n'auoit peu vaincre. La nouuelle qu'on luy donna de la perte de Naples en exigea vne preuue incomparable. Ce bon Prince peignoit alors vn Oiseau, il le parfit les aisles déployées; comme s'il vouloit exprimer, que nos biens sont aislés, qu'il n'est point en nous de les arrester, & qu'apres les auoir perdus, ils peuuent reuenir, s'il plaist à celuy qui en est le grand Arbitre. On vid toutéfois cette Constance abbatuë à la mort D'Isabeav de Lorraine. Le regret de cette perte le suiuit iusqu'au tombeau, quelque merite qu'il recognut aprés en Ieanne de

Ce long ordre de Bannieres aux Processions de la Feste Dieu, & les Ieux qui sōt exhibés au peuple furēt institués par ce Prince à l'honneur du S. Sacremēt.

M 2

Laual fa feconde femme. Il fut veu dans les mémes fentiments, à la mort de
IEAN Duc de Calabre fon fis. L'humanité ne peut être arrachée de l'homme, &
ce font mouuements infeparables de la Nature.

Cette perte emporte mon difcours à celle du Royaume de Naples. Iean
Antoine des Baux des Vrfins Prince de Tarente, aprés la mort d'Alphonfe en
hayne de Ferdinand, inuite Iean fis de René à prendre la Couronne que fa naif-
fance luy donnoit. Ce ieune Prince qui foupiroit dans le repos, & dont le cœur
ne refpiroit que cette conquefte, met vne armee fur pié ; iamais Prince du fang
ne pouffa fi auant dans l'Italie la Fortune Françoife : mais à la fin combattu
par les deftins de fon pere, tantoft vainqueur, tantoft vaincu, il meurt en l'annee 1470. Nicolas fon fis fuccede à cette entreprife, il n'y trouue auffi que la
mort, & en l'annee 1473. le Sceptre de la Maifon d'Anjou eft infortunément
transferé en celle d'Arragon.

RENE' chargé d'annees quitte fa depoüille mortelle 1480. & le premier de
Iuillet, l'an de fon regne 47. & le 73. de fon âge.

Noftre Hiftorien dit *que le corps demeura trois iours en la Sale du Palais, ou apres
luy auoir rendu toutes les folemnitez requifes à la Majefté Royale, on fit le feruice funebre à
l'eglife de S. Sauueur, auec des cris & des larmes inconfolables,* pource que SA MAISON
ESTOIT LA TABLE DES PAVVRES, LE REFVGE DES INNOCENS,
LE TEMPLE DE DIEV.

SIRE, les Roys ne peuuent être la vraye image de Dieu, s'ils ne font Peres
des Peuples : Car puis que la Majefté Royale reprefente icy la Diuinité, il faut
que par la BONTE' elle communique à fes peuples ce qu'elle a receu de Dieu.
Auffi cette Vertu les faict croire plus qu'hommes, permet qu'on les adore comme Dieux mortels, & faict viure & mourir fes peuples en eux, comme ils viuent pour eux. Mon Roy cett' autre Vertu qui vous donne fi eminemment le
nom de IVSTE tient la mefure de celle-là, & toutes deux enfemble éleuent la
nature humaine pardeffus les fens humains. Les Cieux pour leur gloire en font
voir la merueille en voftre Augufte & Sacrée Majefté, & leur diuin éclat, frap-
pe d'vn fi grand étonnement noftre Prince qu'il s'écrie,

ME BONVM, TE IVSTVM

DICVNT:

EN VTRVMQVE IVNXISTI,

QVID NVNC?

CHARLES III.

CE nous eſt bien vne grande merueille, à nous foibles Mortels, de voir les reuolutions des choſes d'icy bas , & comme elles ſouuent retournent à leurs principes ; A nous di-je dont les foibles entendements enſeuelis dans cette maſſe groſſiere ne peuuent s'éleuer à la cauſe premiere de tous ces mouuements, ny conceuoir les raiſons immuables de ce grand Ordre.

Cette belle & fleuriſſante PROVINCE que les diuers roulements du temps & de la Fortune ont ſi ſouuent oſtée & redonnée à l'Empire des GAVLES, par la loy des fatalités, ou pluſtoſt par vn coup du conſeil de la Prouidence Diuine, eſt à la fin heureuſement ramenée ſous la conduite de ſon premier Genie, & le LYS eſt rattaché à ſa tige.

L'Hiſtoire luy faict ſouſpirer ſa liberté ſous la ſuperbe domination des AIGLES ROMAINES, & ſous les inuaſions barbares des GOTS, VICEGOTS, VANDALES, ALAINS, OSTROGOTS, & SARRASINS.

Elle luy faict reſpirer vn air plus doux ſous les iuſtes Sceptres des Princes de TOLOSE, de BOVRGOIGNE, de BARCELLONE, & de ceux des maiſons D'ANJOV.

Le Ciel à la fin apres tant de ſiecles rameine ſes beaux iours, luy rapporte ſon premier bon-heur, & la rappelle à la vie ſous les auſpices fortunez du nom de LOVYS, du nom glorieux de ce grand Monarque, qui bornant vn iour ſes Etats des bornes de la terre, doit faire de ce Monde vne ſeule Prouince.

Carolus III. D.G. Hieruſalem, vtriuſque Sicilia, Aragonum, Valencia, Majoricarum, Sardinia & Corſica Rex, Andegauia Dux, Comitatuũ Barcelona, Prouincia, & Forcalquerÿ, ac Pedemõtis Comes,

LA Generation de RENE', comme les loges des Bergers, fut emportée quant & luy. Ce bon Prince vid butiner ſes Enfans par la Mort, de méme que le tourbillon emporte les roſes naiſſantes.

MARGVERITE Reyne d'Angleterre, & YOLAND veſue de Ferry Comte de Vaudemont en furent les ſeules reſtes legitimes. CHARLES D'ANJOV ſon neueu, fis de Charles Comte du Mayne, par la diſpoſition de ſa volonté derniere eſt recognu ſon ſucceſſeur. Digne neueu, digne ſucceſſeur de RENE', grand & genereux Prince, qui enuoye à l'inſtant ſa penſée au Royaume de Naples, medite la tempeſte & la foudre ſur l'Arragonois , & demande pour cet effect à la ſainéteté de Sixte l'infeodation des Couronnes de ſes peres. Noſtre Hiſtorien dit *que la parolle fut portée par Meſſire* FRANÇOIS DE LVXEMBOVRG, GVIRAMAND *Eueſque de Digne,* & IEAN IARENTE *ſon Chancelier.* Mais le Ciel luy prepare vne autre Couronne. Au moys 18. de ſon regne, les mortelles douleurs , qui trauaillent ſon corps naturellement indiſpoſé , le forcent de penſer au repos de ſon ame & de ſon Peuple.

La volonté du Prince, étoit toute en celle de PALAMEDE DE FOVRBIN, Grand homme éleué dans le Conſeil d'Etat de RENE', Eſprit épuré par la ſuite des ans & des affaires, docte, prudent, preſſant en diſcours, & que l'Armée Grecque eut pris pour ſon Palamede ou pour ſon Neſtor.

Les deſſeins que RENE' auoit conçeus furent mis en effect , par l'impreſſion que ce puiſſant Eſprit en fit au cœur de CHARLES, & la Prouence eſt remiſe sous le Sceptre François par son Testament faict à Marseille 1481. & le 10. Decembre ; ce fut en faueur de la Sacrée Majesté de LOVYS XI. & apres de CHARLES son fis, & des autres Roys ses successeurs.

Mathieu en ses Illustrations de l'Histoire de Philippe de Commines , labeur d'vne plume Royale , Illustrations ou vn Monde d'Histoires , *Il y eut peu de distance (dit-il) entre ce testament & la mort , moins entre la mort & la prinse de possession : car le dix-neufiéme du méme mois de Decembre 1 4 8 1. le Roy fit expedier vne commißion à Palamedes Forbin Cheualier , Seigneur de Sollier , Chambellan du Comte de Prouence pour en prendre poßeßion , & commander au Pays en qualité de Lieutenant General , auecq pouuoir d'ordonner absolument des Offices , instituer & destituer les Officiers , remettre , quitter , & abolir les crimes , voire de leze-Majesté , confirmer les anciens Priuileges , en ordonner de nouueaux , assembler les Etats , imposer deniers , leuer gens de guerre pour se faire obeïr. La qualité de cette recognoissance étoit vn grand témoignage de celle du seruice qu'il auoit rendu au Roy , ayant seul disposé son maistre à faire vn si beau present à la France.*

Nostre Historien adjouste *que Charles mourut le lendemain apres auoir confirmé sa derniere volonté par deux codicilles , & que l'auctorité de Palamedes s'étendoit sur la libre disposition des terres & des places du Domaine , & sur la collation de tous benefices & dignitez qui appartiennent à la Majesté souueraine , auec le pouuoir d'expedier lettres patentes.*

De moy ie ne puis que soubscrire aux deux opinions ensemble, ayant en main auecq le Testament , les deux Codicilles , & la Commißion dattee de Thoüars le 19. Decembre 1481.

Cette grande puissance , ce grand seruice rendu à nos Roys m'ont forcé de luy donner vn Tableau parmy les Statues de nos Princes , & comme il procura cette Comté à LOVYS XI. & eut de luy en échange vne auctorité absoluë, i'exprime l'vn & l'autre par cette deuise.

REGEM EGO COMITEM,
ME COMES REGEM.

Vn Magistrat de la famille de ce Palamede a étendu cette pensée, & le faict parler ainsi,

> *Insueta hac merces, Comitem Regem ipse creaui*
> *Regna mihi vt Regi credidit ipse Comes.*
> *Imo Regna dedit , dum regia iura remisit ;*
> *Alterno officio conciliatur Amor.*

QVEL crime ne commets-je pas contre les Communautez de cette Prouince? l'ay violé tous leurs Autels si ie ne dy point que nostre CHARLES par son Testament adjure LOVYS, & ses successeurs, de les faire iouyr des faueurs, graces, & immunitez qu'elles auoient meritées de nos Princes , & qu'il auoit luy méme confirmées. Mais qu'elles souffrent aussi que ie tire de cette méme piece ces parolles,

Voluit atque ordinauit corpus suum tumulari atque sepeliri , quandocumque de hoc seculo & vita miserabili Christus dignabitur eum vocare , videlicet in Ecclesia Diui Saluatorü Ciuitatis AQVENSIS.   *Fecit*

Fecit, instituit & ordinauit, ac ore suo proprio nominauit sibi hæredem suum vniuersalem, & in solidum Christianissimum ac excellentissimum Principem & Dominum Dominum Ludouicum Dei gratia Francorum Regem, eius consobrinum ac dominum charissimum atque reuerendissimum : & post eum illustrissimum & clarissimum Principem Dominum Carolum Delphinum, eiusdem excellentissimi Domini Francorum Regis primogenitum, & consequenter omnes & quoscumque successores suos descendentes à Corona Franciæ.

RAce de tant de Roys immortels dans l'Histoire, Grand R o y l'amour du Ciel, les delices de la terre, la honte des siecles passez, la merueille des siecles à venir L o v y s mon ieune R o y, cette méme volonté, ce droit méme qui vous fait porter son Sceptre, nous faict posseder son corps ; Il voulut que la terre que ses peres auoient aymée le couurit, & qu'vn peuple qu'ils auoient recogneu si fidelle en fut le depositaire. Mon R o y, vous heritez de ses Etats ; ses cendres, quoy que muettes, demandent à vostre Majesté les droits que les ombres des morts exigent de la charité des viuants. Parmy l'aise & la gloire de vos triomphes, il ne veut point que vos larmes baignent les pierres d'vn tombeau. Il ne demande point des Cyprés à vostre main victorieuse. Il veut seulement, ô mon R o y, que vostre cœur soit touché d'vn soin que sa memoire vous inspire. La mort ne le diuertit point de l'amour qu'il auoit pour nous. Mais ses yeux sont éteints, il ne peut nous voir que par vos yeux. Tout son corps n'est que poudre, il ne peut nous ouyr que par vos oreilles. Il vous conjure de nous aymer, d'aymer cette Ville son tombeau, belle & puissante Ville, l'antique soucy de Minerue & de Mars, l'amour & l'ouurage de tant de Roys, A i x qu'on voit adjouster des Villes à sa Ville. Il semble qu'eueillé de son long sommeil au bruit de ses acclamations publiques, il se soit luy-méme formé ce vain idole qui se presente à vostre Pieté, qu'il l'anime, qu'il luy ouure la bouche pour vous faire ouyr cette voix,

---

HÆC IVSTA SOLVAT

HÆRES MEVS,

MEVM AMET

SEPVLCHRVM.

Cet Arc fut dressé deuant le vieux Palais de nos Archeuesques, qu'on fit seruir de Louure à sa Majesté. Elle s'y retira parmy les crys & les larmes de Ioye de son Peuple, qui croyoit de receuoir vne nouuelle vie éclairé des yeux de son I v s t e R o y.

SEPTIESME

ARC.

Moretz. fu. Aquis

7

I nous remarquons l'ordre que la Sagesse diuine a étably sur toutes
les creatures, & les moyens par lesquels elle les éleue à soy,
dépuis les plus hautes qui reçoiuent immediatement les rayons
de la Diuinité, iusques à celles qui aprochent plus du neant,
nous trouuerons que c'est par le Septenaire qu'elles arriuent toutes à leur perfection, & atteignent à la fin pour laquelle Dieu
les a creées.　C'est pour cette raison que la perfection des choses, & leur
accomplissement sont exprimés dans les Lettres Sainctes par ce nombre.　Car
si elles s'en seruent en parlant des substances spiritueles, elles nous veulent
faire entendre la plenitude des graces qui leur sont données du Pere des lu-
mieres ; l'éleuation à leur vnité par l'abstraction de toute multitude & imperfe-
ction ; & le comble de tous leurs desirs en la iouïssance eternelle du souuerain
bien, lequel étant seul suffisant à toutes, les remplit & les rassasie toutes de soy-
méme.　Si elles appliquent ce nombre à l'Etre mobile, c'est pour nous mar-
quer le repos qui est la perfection & la fin de tous les mouuements ; Si à la
quantité, elles nous font entendre ou la grandeur & immensité des corps, ou
l'vniuersité des parties, ou l'accord & harmonie de toutes les proportions.

Le Peuple qui auoit receu la Doctrine des Patriarches & des Prophetes iuroit
par ce Sainct Nombre : Pource, dit-on, qu'en la Langue Saincte le méme mot
qui signifie Sept, signifie aussi Serment, & iurant par le Septenaire, il iuroit
d'accomplir & de mettre à perfection ce qu'il promettoit.

Grand Roy, la fidelité que cette Ville vous a iurée, n'ayant pour but
que l'accomplissement & les effects de sa volonté, ne deuoit prendre pour son
Hieroglyphe que le Septenaire.　Comme elle n'a point d'autre fin que la fin
des Siecles, on ne la pouuoit exprimer aussi que par le nombre qui les doit
terminer.　Et l'ouuerture parfaicte de nos cœurs à vostre heureuse arriuée, ne
se pouuoit representer que par l'ouuerture de sept Portes.

Deux Lauriers * composent le septiéme & dernier Arc.　Leur immortelle
fueillée, sur le haut de la vousteure qu'elle forme, faict place à vn tableau,
où la Ville d'Aix est representée, non plus bas prosternée deuant sa Majesté,
mais telle que la fole rebellion des Monts & des Roches de Thessalie vid sortir
Minerue armée pour la querelle des Cieux.

Vne forest de plumes ondoye sur son casque Fleurdelisé, où parmy le blond
éclat de la couleur qui imite l'or, on void rougir cette autre qui menace le
sang.　Les éclairs que les feux de son cœur enuoyent à ses yeux, semblent

* Ils furent
plantez dás
la basse-cour
du　Palais
Archiepis-
copal, deuát
la Porte du
logement
qu'on auoit
preparé à sa
Majesté.
Laurus,
dict Pline,
Triũphis
propriè
dicatur,

vel gra-
tißima
domibus
ianitrix
Cæsarū,
Pontifi-
cvmqve,
quæ sola
& domos
exornat,
& antè
limina
excubat.
l.15.c.30.

* A I z.
Aiyls:

montrer la mort sur le fer de sa pique, & que sa valeur inuaincuë peut dessous son auguste bouclier ce que peut Iupiter sous sa fatale Ægyde. * Aussi ne la voit-on pas qu'auecq les Victoires captiues. Ces ieunes Deités enchaînées aux piés des Lauriers, donnent à sa Majesté des couronnes où les fueilles de Myrte sont mélées auecq les belles fueilles de ces Arbres eternellement verts. C'est à dire, la douce Volupté à la gloire qui suit les actions genereuses. Cependant par les branches de Palme qu'elles se reseruent, il n'est point mal aisé de cognoistre qu'elles veulent prendre à soucy la conduite de ses armes, & subir elles mémes les penibles trauaux de ces grands exploits qui doiuent lasser la Renomée, & faire suer la statue de la Deesse qui preside à l'Histoire. Mais voyons ce qu'elles disent maintenant à sa PIETE' & à sa IVSTICE.

<table>
<tr><td>QVEM DEORVM
NON VINCIT PIETAS?</td><td>QVEM IVSTVM
DII NON CORONANT?</td></tr>
</table>

La docte main de CÆSAR DE NOSTRADAME voulut encor faire voir à sa Majesté deux Stances, sous le pourtrait de la Ville D'AIX,

> CHantés mille Pæans ô Nymphes de mes riues,
>   L'Hydre aux abboys reduyt, les Victoires captiues,
> Ont ja les yeux plus fiers, de l'Europe esblouys;
> En vain l'Anglois Molosse, en vain Charybde & Scylle,
> Iapperont aux Lys d'or, puis que dans mon Ancyle
> Paroit l'Auguste chef de l'Auguste LOVYS.

> O grand & Iuste Roy, sang d'Hector & d'Hercule,
>   Au seul bruit de ton nom toute audace recule,
> Soient donq les plus hautains desormais aduertis,
> De Culte ou de Seurté quel que soit leur pretexte,
> Au regard seulement de l'Aegide de SEXTE,
> D'estre tout aussi tost en pierre conuertis.

Le Sieur BRVEYS fermant tout l'ouurage, fit parler nostre Ville le langage de ses Habitans,

> LOV puissant foudre de la Guerro,
>   Lou plus digne Rey de la Terro,
> Dintre mon sen ven repausar;
> D'uno fauour tant signalado,
> La grando Villo de Cesar
> Non fouguet iamais honnorado.

Ma Raubo d'armos à l'antiquo,
Lou Rondacho, ma longo Piquo,
Son per empachar de grondar
Tout ço qu'és de plus redoutable,
E' mon lufte Prince gardar,
Comme vn Trefor ineftimable.

La gentileffe & la naïfue pureté de cettuy-cy euffent apporté vn grand ornement à noftre Poëfie, fi fes premiers effais euffent rencontré la faueur de nos Troubadours.

IE fuis au bout de ma carriere, où tout le prix que i'atten c'eft la reprehenfion.   Tout âge s'eft plaint de fon temps.   Le noftre abonde en Efprits qui profeffent la fcience d'éplucher les mots.   Nouuelle Philofophie, i'aduoüe que vous aués été mon dernier foin.   La Poëfie eft celle qui les deuroit plus recercher; Et toutesfois les Platoniciens ont dit, Que les parolles en font les derniers effects. *   Elles doiuent feruir au fens, & ne font que chambrieres des Penfées.

On ne void icy aucun difcours des diuers ordres des Colomnes, de leurs bafes, bozels, contrebozels, plinthes, pilaftres, chapiteaux; nulle defcription des vouteures des Arcs, ny de leurs efpeffeurs; nulle mefure ou proportion harmonique des efpaces des architraues, frifes, couronnements, de leurs hauteurs, faces, faillies, mouleures, aftragales, ny de tels autres ornements; Nulle diuifion des figures par lignes droittes ou trauerfantes, nulle compofition de leurs quarrés, matieres d'vn grand volume, & d'vn grand loifir.   Par les pourtraits de nos Machines i'étale mon inuention, qui eft la principale piece de l'Architecte. Mes Difcours en font voir affés les parties neceffaires à mon deffein; i'abandonne les autres, comme éloignées de la tâche qui m'a été prefcrite.

Ie n'ay touché qu'en effleurant les vies & les faicts memorables de nos vieux Comtes; ç'a été pour ne m'éloigner point de mon object, & ne redire pas ce qui a été dit en la Chroniqve de Provence.

Tous les mouuements de fa Majefté font fi bien obferués par M. Bernard fon Hiftoriographe, & fes actions recueillies auecq tant de foucy, que ie tiendroy à crime de toucher à celles de fon heureux paffage en cette Ville. Ivste & Pievse Majefté, qui en toutes fes voyes penfe à celuy qui la faict regner, & il la guide en tous fes voyages.

Toutes

TOutes les graces du Ciel, ô mon Roy, pleuuent fur voftre chef augufte. Les Benedictions de la Terre germent deffous vos pas ; Qu'elle ne recognoiffe en fa rondeur que voftre Sceptre, & le Ciel refufe fa lumiere aux Regions qui ne s'y courberont pas ;   Que tout ce qui vous benira attire fes benedictions, & ce qui vous maudira en foit maudit.   L'œil de la Prouidence diuine luife fur vos Confeils, & conduife vos actions.   Le Dieu des armées foit luy-méme le bouclier de voftre defenfe & l'efpée de vos victoires ; Qu'il faffe defcendre fes Legions fur le cham de vos batailles ; Qu'il encline tous les Cieux à voftre voix; Qu'il y vienne monté fur fes Cherubins, ou fur les aifles du Vent ; Qu'il touche les montaignes qui s'oppofent à vous, & les reduife en poudre & en fumee.

Terres ennemies foyés vous Terres de fer : Le Ciel foit d'airain pour vous, Qu'il ne foit que rofée pour la France, & elle que laict & que miel ; Que les benedictions que l'E'criture appelle de la Semence & du Tetin ne tariffent iamais pour elle, & vous faffent, ô mon ROY, pere d'vn DAVPHIN.

LE PLAN GEOMETRIQVE DE LA VILLE D'AIX
CONSVLIBVS
CLAVD. DE GAVTIER D. DE GRAMBOIS
PAVL. D'ANDRE
MICH. DE COVRTIN
SPIR. DE LA PALVD
CANES
Iacobus Maretz delineauit et sculp.
Fauxbourg des Cordeliers
LES NOMS DES LIEVX les plus remarquables qui sont dans la ville d'Aix
1. Porte St Iehan
2. Porte des Augustins
3. Porte des Cordeliers
4. Porte Nostre Dame
5. Porte de Bellegarde
6. Porte St Loüys
7. St Sauueur
8. Ste Magdelene
9. Les Iacobins
10. Les Cormes
11. Les Cordeliers
12. Les Augustins
13. L'obseruance
14. Les Peres de l'oratoire
16. Les Peres Iesuites
17. Ste Claire
18. N. Dame de Beauueze
19. St Barthelemy
20. Ste Vrsule
21. N.D. l'anonciade
22. L'archeuesché
23. St Laurens
24. Ste Catherine
25. Le Palais ou Listange
26. Le Grand Horloge
28. La place St Magdalene
29. L'Halle
30. La place St Sauueur
31. La place des Prescheurs
32. La place des 3 Ormes
33. Fons de Bellegarde
34. Fons Claudi
35. Fons Despelluques

HARANGVE DES SIEVRS
CONSVLS ET ASSESSEVR DE LA
VILLE D'AIX, PROCVREVRS DV PAYS
DE PROVENCE.

C. DE GAVTIER, Sieur de Grandbois,
P. D'ANDRE',
M. DE COVRTIN,
SP. DELAPALVD,

Par la bouche dudit Sieur D'ANDRE', Assesseur.

SIRE,

Les peuples, qui pour estre trop voisins des Poles, ne voyent le Soleil que d'vn Equinoxe à l'autre, par vne loy d'Estat establissent des Magistrats pour obseruer sur les limites de leurs Regions l'Orient de ce grand Astre; afin que lors qu'il commence à poindre dessus leur Horison, ils le saluent auec vne infinité de ceremonies, & puissent par leurs sacrifices le semondre de pousser vers eux sa carriere, & dissiper leurs longues & ennuyeuses tenebres.

Mais comme ils aperçoiuent l'éclat de ses rayons sur le coupeau d'vne colline dediée aux plus celebres sacrifices de leurs superstitions, redoublans leurs acclamations, & rehaussans leurs cris d'allegresse, ils hommagent & adorent deuotement cet Astre, comme la Diuinité de laquelle ils estiment que leur felicité releue.

Ainsi les Habitans de cette Prouince, qui parmy tous les peuples qui viuent en vostre obeïssance iouïssent plus rarement de la presence de leur Roy, comme plus éloignés des lieux de son sejour ordinaire, n'ont pas plustost appris que vostre Majesté approchoit de nos limites) pour faire finir la longue Eclypse qu'ils ont soufferte de la veüe de leur Prince, dépuis l'année 1564. en laquelle ils furent bien-heurés de l'aspect fauorable du Roy Charles IX.) qu'ils nous ont obligez, au nom des Trois Ordres qui composent leur Estat, de nous rendre aux pieds Sacrés de vostre Majesté, pour au nom de toute la Prouince luy offrir les tres-humbles deuoirs de nostre obeïssance.

A ce iour, GRAND ROY, que nous apperceuons aux portes de vostre Ville Capitale (le Pantheon de nostre Religion & de nostre Iustice) la lueur éclatante de ce Grand Soleil de vostre Majesté, tout brillant, tout rayonnant de la gloire de ses trophées, à mains pleines de Lauriers & de Palmes cueillies dans les champs de ses rebelles subjects, & parmy la poudre de ses combats; Nous voicy derechef prosternez à voz pieds, portans auec les marques Consulaires de cette Cité, noz vœus & desirs communs du respect, & de la submission tres-humble que nous deuons à voz commandemens, de la reucrance tres-profonde que nous portons à vostre Diademe, & de la deuotion tres-ardante dont nous adorons vostre Sceptre. Vœus, & desirs d'y viure, & nous, & nostre posterité, vostre amour buriné sur noz cœurs, la grandeur de voz merites en nostre memoire, & en nostre bouche le recit de voz combats, les Peans de voz Victoires, les Hymnes de voz Triomphes.

P

Le tout auec des souhaits pour la perfection & le comble des contentements que nous receuons à present, & qui nous rauissent en esprit dans les Cieux que nous benirons à iamais de cette grace Que vous estant approché du chaste sein de la plus vertueuse & plus heureuse Princesse du monde, nostre tres-bonne & tres-grande Reine, vous nous donniez vn Dauphin, qui succede à la Valeur, à la Pieté, & à la Iustice de son Pere, comme à ses Sceptres & Couronnes, apres que tout couuert des Lauriers & des Palmes, & chargé des plus grands & plus Augustes Titres que iamais aye porté Monarque Vous aurez heureusement acheué le Siecle que vostre naissance a si glorieusement commencé soubs ce venerable & sacro-sainct nom de LOVYS.

Nom tres Auguste, qui nous faisant voir dans les Annales des Roys voz Illustres Ayeuls vn Louys le Debonnaire, vn Louys Pere du Peuple, & à present LOVYS LE IVSTE, Octroyez cette grace, SIRE, à ce Peuple. Qu'en la conseruation des Priuileges, franchises & libertez, tant de cette Ville, que de la Prouince, vous ayez à gré soubs le Sceau Sacré d'vn serment Royal, de nous estre Louys le Debonnaire, Louys Pere du Peuple, LOVYS LE IVSTE.

HARANGVE DV SIEVR DV PERIER
POVR L'VNIVERSITE.

SIRE,

Cette compagnie qui prosternée aux pieds de vostre Majesté luy rend les asseurances de sa tres-humble fidelité, est vne des plus Illustres Vniuersités de vostre Royaume : c'est elle qui dans cette Prouince donne les premieres recompences à la vertu, & les premiers degrez pour monter aux charges de la Iustice. Ell' a donc quelque subject d'esperer vn doux acueil de vostre bonté, puis qu'elle a quelque part en la Iustice, dont vous estes si passionnément amoureux, & de qui vous auez eu ce glorieux surnom de IVSTE auec tant de raison, qu'à peine pouuons nòus sçauoir lequel de ces deux noms est mieux vostre, ou celuy de LOVYS ou celuy de IVSTE. C'est cette amour, SIRE, c'est cette vertu qui vous attache si puissamment les cœurs de vos sujects, qui vous attire si apparemment les caresses du Ciel, & qui faict que comme il n'est rien que vostre courage n'ose entreprendre, il n'est rien que vostre bon-heur ne fasse reüssir. En ce comble de graces & de prosperitez, nos discours ont ce desaduantage qu'ils ne peuuent point vous tesmoigner nostre passion par les vœus & par les prieres qui sont en ces occasions les tesmoignages ordinaires de la bonne volonté des sujects. Car que peuuent adjouster noz pensees mesmes ny à voz qualitez ny à noz contentements: quelles nouuelles graces pouuons nous demander à Dieu, ny pour vostre felicité ny pour la nostre? les peuples qui viuent soubs les loix d'vn Prince genereux, d'vn Prince pieux, & d'vn Prince Iuste, ont ils quelque autre faueur à demander au Ciel? Vne seule chose pouuons nous souhaiter, comme nous la souhaiterons sans cesse, que vostre regne soit aussi grand comme il est iuste, que voz iours soient aussi longs comme ils sont beaux. Apres ce bien il ne nous en reste point à desirer d'autre, & tous tant que nous sommes, nous penserons laisser à nos successeurs vne assez grande fortune, quand nous leur laisserons pour tout heritage le regne d'vn si grand Roy.

HARAN-

HARANGVE DV SIEVR LIEVTENANT
BONFIS, POVR LE SIEGE GENERAL DV SENECHAL.

SIRE,

L'admiration que faict le Prophete de Dieu le considerant assis sur son throsne, regardant les choses humbles dans le Ciel & dans la terre, se peut rapporter à vostre Sacrée Majesté, qui est la viue Image de ce grand Dieu de lumiere, pour dire auec pareille exclamation Qui est le Roy plus puissant, plus magnanime, plus triomphant & plus iuste sur la face de la terre que nostre Grand Roy LOVYS, Roy de France & de Nauarre seant en sa Majesté, qui regarde de toutes parts les peuples soubsmis à son sceptre? Et tout de mesmes (SIRE) que l'œuure n'est pas parfaicte, de voir vous esleuer ce qui est humble sans abaisser la superbe : Ainsi vostre bras indomptable vient fraischement de terrasser voz rebelles subjects, lesquels auec toute felonnie & impieté auoient faict reuolte au sacré veu d'obeissance qu'ils vous doiuent, & ne fust l'excez de vostre bonté les eussiez reduicts à neant. Il estoit donc bien iuste pour parfaire ceste saincte & diuine action, que les rayons de vostre sacrée face se fissent voir à voz tres-humbles, tres-fidelles, & tres-obeissants subjects en vostre Pays de Prouence, qui tous (& chascun en leur ordre) vous bienueignant crient du profond de leur cœur, auec vne humilité incomparable, plains d'allegresse & contentement, & en particulier le corps du Siege de vostre Iustice subalterne en vostre ville d'Aix, VIVE LE ROY heureusement regnant durant vn siecle d'années.

HARANGVE DV SIEVR DE SERRE,
POVR MESSIEVRS LES PRESIDENTS ET TRESORIERS
Generaux de France, en la charge & Generalité de Prouence.

SIRE,

Les Tresoriers Generaux de France en vostre Pays & Comté de Prouence, prosternez aux pieds de vostre Majesté, ioignent leurs vœux auec les vœux publiques ; Leurs voix d'alegresse auec les crys de ioye de tant de peuple. Car ny plus ny moins que le Soleil espendant sa lumiere sur la face de la terre excite toutes les creatures à produire les effects de leurs proprietez. De mesmes (SIRE) vostre presence esclairant de ses rayons cette Prouence, faict exaller du cœur de ses subjects la fidelité qui leur est infuse dez leur naissance, comme vne seconde ame qui donne le mouuement à leurs pensées, & la conduite à leurs actions. Osant asseurer auec verité (SIRE) que si le ton de nostre voix se pouuoit esleuer à l'esgal de nostre affection, Que de tant de cris innombrables qui remplissent le vuide de l'air, il n'y en a point de si haut qui peust surmonter le nostre. Mais puis que nous recognoissons estre obligez à vostre Majesté à quelque chose de plus qu'a la sincerité que nous deuons apporter en noz charges & à la direction de voz Finances : Nous prierons le Roy des Roys (SIRE) vouloir prolonger vostre vie en de si longues annees, que les enfans de noz enfans puissent vn iour en vostre presence Royale chanter des Hymnes à l'honneur de vostre Pieté, de vostre Vaillance, & de vostre Iustice. Et si pour l'accomplissement de ce vœu, le Ciel nous demande quelque redeuance, qu'il prenne vne portion de nos vies, & de celles de nos enfans : Nous la contribuerons auec vn contentement indicible, puis que nous estimons que nostre bien souuerain consiste en ce que VIVE nostre bon & iuste ROY.

LA Harangue de la Cour de Parlement & celle de la Cour des Comptes Aydes & Finances, qui deuoient donner plus d'éclat à cet ouurage, feront defirees icy. Elles verront le jour auecq les autres pieces de leurs Autheurs.

TABLEAVX EMBLEMATIQVES.

Depuis le grand Arc iusques à la Porte des Augustins, vn petit bois de Myrtes & de Lauriers fermoit vne Gallerie en berceau deſtinée à ces Inuentions.

CORNVA CAPTANS
PERDIDIT AVRES.

Pour ne te contenir en ta forme, & tes bornes,
Et vouloir des hydeuſes cornes,
LOVYS (que ta folie a cherché d'occuper)
T'a faiſt les oreilles couper.

NOSTRADAME.

Q

Victoris Regis ferro, proſtrata Chimæra eſt.
Nec Brettus iam riĉtet ; nec rugire ſuperbus
Pergat Iber : perdet quoſcumque hæc dextra furentes.

Teuctis vt infeſtam perniciem machinans,
Formoſiori propoſuit pomum Deæ
Diſcordia. Sic ocia ſeculis parans,
Iuſto Dea Regi Orbem defert Concordia.

ANTONIVS MERINDOLVS *Conſiliarius Medicus*
& in Aquenſi Academia primarius Profeſſor Regius.

HVNC INTER SCOPVLOS
AQVILA EST ENIXA LEONEM.

VRIT ET IRRIGAT.

D. IORNA.

R

ITERVM CAREBIT GALLIA MONSTRIS.

GARIDEL.

HEROEM COELVM
TELLVS EXPECTET ACHILLEM.

CHASTVEIL GALLAVP.

LOVIS TREISIEME DE BOVRBON LE IVSTE
ROI DE FRANCE ET DE NAVARRE.

Viue le Roi! tres bon, bien fortuné, ami des Cieus,
adoré de la Terre.

BILLON.

Aux Princes fujet de fon Hiftoire.

HOnneur des Comtes de Prouence,
Des Roys de Sicile & de France,
Honneur des Empereurs Romains,
Ie voy vos marques glorieufes,
Ie voy ces Lauriers dans vos mains
Et ces Palmes victorieufes.
Mais aduoüez, ô grands Guerriers,
Que vos Palmes, & ces Lauriers
Que vous oftés de voftre tefte
Pour les offrir au Roy des LYS,
Ont efté plantez & cueillis
Aux Parterres de fon Poete.

ESP. GARNIER.

AV MESME.

EN fin apres tant de batailles,
Apres tant de combats gaignez,
De tous fes fubjets mutinez
LOVYS a forcé les murailles :
Sous le thróne des fleurs de Lys
Ces Geants font enfeuelis ;
Et fi iamais noftre memoire
Parle de leurs temeritez,
Ce fera pour chanter la gloire
De celuy qui les a domptez.

En fin apres tant d'exercices
Qui l'ont roulé dans les hazars,
La France à noftre ieune Mars
Faict aujourd'huy des facrifices ;
Nous qui faifions à chaque iour
Des vœus pour fon heureux retour,
Fondants en des larmes de ioye,
Courons à bras & cœur ouuert,
Afin que tout le monde voye
Quel heur nous auons recouuert.

Le

Le bruit, l'éclat, & la fumee,
D'hommes, d'armes, & de canons,
Du Roy que nous accompagnons
Porta bien haut la renommee,
De l'effroy qu'en eut Iupiter
Il se resolut de quitter
Le Ciel au vainqueur de la terre,
Et tremblant il perdit des mains
Le tourbillon de son tonnerre
Dont il menaßoit les humains.

La trahison confuse & pasle,
L'ambition, la cruauté,
La reuolte, & l'impieté,
Tesmoings de sa valeur fatale:
Et tant de monstres abbatus
Dont on bastit à ses vertus
Des entrees si magnifiques,
Nous aduoüerent tous honteux
Que ses actions heroïques
Seules, nous pouuoient venger d'eux.

Ces Arcs pleins de tant de merueilles
Par le dessein d'vn grand esprit,
Les paroles qu'il leur apprit
Firent entendre à nos oreilles,
On ouyt tous ces anciens Roys
A qui CHASTVEIL *donna des voix*
Pour saluer ce grand Monarque,
Et pour vn si pompeus accueil
Malgré les efforts de la Parque
Il les fit sortir du cercueil.

Iamais couuert de plus de Palmes
Vn Roy ne reuint des combats,
Iamais apres tant de debats
Nos Estats ne furent si calmes;
Auec plus de plaisir, iamais
Prince ne fut receu dans AIX;
Aussi iamais tant de miracles
Sans CHASTVEIL *on n'eust assemblé;*
Et iamais de si grands Oracles
Dans nos terres n'eussent parlé.

Ainsi tousiours la terre & l'onde
GRAND ROY, *fremissent à ton nom;*

Et la grandeur de ton renom
Soit tousiours le foudre du monde,
Tousiours serue de tes appas
La victoire suiue tes pas,
Ton ombre soit tousiours la gloire,
Et du triomphe des mortels,
Tousiours au sein de la memoire
CHASTVEIL te dresse des Autels.

GAFFAREL.

D. IOANNI DE GALLAVP, D. DE CHASTVEIL,
Regis Consiliario, & in Suprema Rationum, Subsidiorum,
& Vectigalium Prouincialium Curia Procuratori Regio,
In eius de Regio Aditu Librum.

Hostibus edomitis, vrbem subis inclyte Princeps,
Hîc vbi Romani Heroes, Dux SEXTIVS, atque
Arpinas Marius, Cæsar, prisci Comitésque
Te dextra excipiunt tensa, lauróque coronant:
Spartanum vrbs clypeum prona exhibet, hîc vbi fulget,
Quâ sese inuictam gaudet, regalis imago;
Martia sic tutam fecere ancylia Romam,
Fecere inuictos Teucros Tritonidis arma,
Fecerat & Francos lapsa auriflamma supernè;
Ast aditum qui direxit Gallaupius, vnà
Cum dulci patria inuictus, clarúsque perenni
Auspiciis Regis, famâque, & laude vigebit.

IOANNES CABASSVTVS.

AV MESME.

CHASTVEIL ces Palmes ces Lauriers
Hieroglyphiques des Guerriers,
Qui courbent sous cette Victoire,
Se releueront quelque iour
Pour se recourber à leur tour
Sous le doux faix de vostre Gloire.

IEAN DECOMBE

Fautes suruenuës à l'impreßion.

Page 13. ligne 6. arrestent, lisés arreste. Pag. 25. au dessous de l'inscription lig. 3. que pour auoir, lisés comme pour auoir. Pag. 33. lig. 2. c'ét, lisés c'est. Pag. 39. Arsenac, lisés Arcenal. Pag. 40. lig. 10. t'ay-ie, lisés tay-ie, & lig. 14. LA LA MVSE, lisés LA MVSE. Pag. 45. n'abaisse-il lisés n'abaisser-il. Le Lecteur suppleera (s'il luy plaist) au reste.